Knaur

Von Dieter Knapp ist außerdem erschienen:

Gewinnen, wenn der Euro kommt (Band 82194)

Über die Autoren:

Dieter Knapp (41) begann unmittelbar nach seiner Ausbildung zum Bankkaufmann ein Volontariat. In der Folge war er für regionale Tageszeitungen als Wirtschaftsredakteur mit den Schwerpunkten Börse und internationaler Handel tätig. Berufsbegleitend absolvierte Dieter Knapp ein betriebswirtschaftliches Studium. Heute lebt er als freier Journalist in Frankfurt und verfaßt Bücher, vorwiegend im Bereich Geldanlagen.

Dorina Rechter (29) absolvierte nach der Hochschulreife ein Volontariat bei einem Hamburger Wirtschaftsmagazin. Dort arbeitete sie weitere drei Jahre im Bereich Wirtschaft und Reisen. Ihr Hochschulstudium schloß sie mit dem Grad der Diplom-Volkswirtin ab. Im Verlauf ihrer beruflichen Laufbahn war Dorina Rechter für eine Nachrichtenagentur tätig; gegenwärtig arbeitet sie in Hamburg als freie Wirtschaftsjournalistin für Buchverlage und erstellt Fernsehbeiträge im Auftrag eines öffentlich-rechtlichen Senders.

Dieter Knapp/Dorina Rechter

Die 100 besten Tips

Börse

Die Aktiengewinner der Zukunft
Mit Kursverlusten richtig umgehen
Spekulieren ohne Risiko

Knaur

Konzeption und Realisation: Livingston Media, Hamburg
Redaktion: Ralph Thoms

Originalausgabe Oktober 1998

Umschlaggestaltung: Agentur ZERO, München
Satz: MPM, Wasserburg
Druck und Bindung: Elsnerdruck, Berlin
Printed in Germany
ISBN 3-426-82162-1

2 4 5 3 1

Inhalt

Vorwort
Faszination Börsenspiel

Bulle gegen Bär, Optimist gegen Pessimist – die Börse steht zunehmend im Mittelpunkt des allgemeinen Interesses. Und es sind nicht mehr allein die Großinvestoren, die das Börsengeschehen bestimmen, auch Kleinanleger wagen immer häufiger das Spiel mit Aktien. Doch wer Aktionär sein will, sollte sich an der Börse auskennen und einige Regeln beherrschen. Die Anlage in Aktien kann nicht mit einem Sparbuch verglichen werden, denn die Zusammenhänge auf dem Finanzmarkt sind komplex und manchmal etwas kompliziert. Das aber ist kein Grund, sich von der Börse fernzuhalten, denn Sie müssen kein Profi sein, um auf Kurssteigerungen und Kurssenkungen zu spekulieren. Niemand weiß hundertprozentig, was der nächste Tag an der Börse bringt, jeder Teilnehmer hat seine eigenen Vorstellungen darüber, was morgen passieren könnte. Doch es gibt Merkmale und Zeichen, die auf kommende Ereignisse hinweisen. Wer diese kennt und versteht, ist vor bösen Überraschungen sehr viel besser geschützt.

Dieses Buch will Sie vertraut machen mit den Hintergründen des Börsengeschehens. Verpackt in 100 Tips stellt es Ihnen die wichtigsten Regeln und Zusammenhänge des Finanzlebens an der Börse vor. Sie erfahren alles über die Aktie als Vermögensanlage und welche Schritte Sie unternehmen müssen, um Aktionär zu werden. Neben diesem Basiswissen verrät es Ihnen Strategien, die Sie als Spekulant kennen sollten, und gibt Ihnen Steuertips, damit Sie von Ihren Börsengewinnen ein wenig mehr behalten können.

Außerdem werden Sie über die Zukunft der deutschen Börse informiert und was sich mit der neuen europäischen Währung Euro auf den Finanzmärkten so alles ändern wird.

Viel Spaß dabei – und viel Erfolg!

Die Aktie als Vermögensanlage

Sie wollen Aktien (Kapitaleinlagen) kaufen? Dann haben Sie sich also entschlossen, Aktionär (Gesellschafter) einer Aktiengesellschaft (AG) zu werden. Bevor Sie jedoch in das Börsengeschehen eintauchen und sich für bestimmte Aktienwerte entscheiden, sollten Sie über Vermögensanlagen allgemein und Aktien Bescheid wissen.

Vermögensanlagen beurteilen

Machen Sie sich mit den folgenden drei Kriterien vertraut, anhand derer grundsätzlich jede Form der Vermögensanlage beurteilt wird:

- Sicherheit
- Liquidität
- Rentabilität (Rendite)

Auf welches Kriterium das meiste Gewicht gelegt werden soll, hängt von den persönlichen Präferenzen des Anlegers ab.

Sicherheit. Sicherheit bedeutet, daß das angelegte Vermögen erhalten bleibt. Dabei hängt die Sicherheit der Anlage von verschiedenen Risiken ab: die Bonität des Unternehmens, das Kursrisiko oder das Währungsrisiko bei Auslandsanlagen.

➡ **Tip 1:** ***So erhöhen Sie die Sicherheit***
Ihr Vermögen ist sicherer angelegt, wenn Sie es aufteilen. Eine solche Vermögensstreuung kann nach verschiedenen Aspekten erfolgen, so zum Beispiel nach Wertpapierformen, Branchen, Ländern oder Währungen.

Liquidität. Die Liquidität einer Kapitalanlage ist davon abhängig, wie schnell der investierte Betrag wieder in Bankguthaben oder Bargeld umgewandelt werden kann. Die Anlage ist dann liquide, wenn der Anleger seine Papiere verkaufen kann, ohne daß schon ein großer Verkaufssturm herrscht, der zu spürbaren Kursschwankungen führt und Kursverluste nach sich zieht.

➡**Tip 2:** ***Seien Sie achtsam bei illiquiden Märkten***
In diesen Fällen kommen an der Börse Notierungen zustande, ohne daß ge- oder verkauft wird (keine Umsätze). Die Kurse der Aktien bestehen dann nur aus Angebot (Briefkurs) oder Nachfrage (Geldkurs). Kauf- oder Verkaufsaufträge können nicht sofort abgewickelt werden, manchmal nur in Teilen oder zu ungünstigeren Bedingungen. Zusätzlich müssen Sie mit hohen Transaktionskosten rechnen.

Rentabilität. Die Rentabilität einer Vermögensanlage wird aus deren Ertrag ermittelt. Zu den Erträgen einer Aktie gehören Dividendenzahlungen sowie Wertsteigerungen in Form von Kurssteigerungen. Je nachdem, welches Papier Sie besitzen, fließen Ihnen entweder die Erträge regelmäßig zu oder sie werden angesammelt. Die Höhe der Erträge ist jedoch nicht immer konstant, sie kann im Zeitverlauf schwanken. Damit die Rentabilität verschiedener Geldanlagen verglichen werden kann, wird die Rendite als Kennzahl hinzugezogen.
Mit Rendite wird der Ertrag bezeichnet, den eine Anlage nach Ablauf eines bestimmten Zeitraumes erzielt hat. Mit Hilfe ihrer Standardisierung (die Rendite wird normalerweise immer als Prozentwert angegeben und bezieht sich meistens auf ein Jahr) sollen die verschiedensten Anlagemöglichkeiten miteinander vergleichbar gemacht werden.

➡Tip 3: ***Vergleichen Sie Anlagen über die Rendite***

Die Rendite läßt sich immer berechnen und vergleichen, unabhängig von der Höhe des eingesetzten Kapitals und des Anlagezeitraums.

Die Aktie und ihre Varianten

Jede Aktie besteht aus Mantel und Bogen. Der Mantel trägt den Namen der Gesellschaft und weist einen Betrag als Nennwert aus. Die meisten deutschen Aktien haben einen Nennwert von 50 Mark, es gibt allerdings auch Aktien im Mindestnennwert von fünf Mark. Die Mindeststückzahl pro Geschäft wurde von früher 50 oder 100 Aktien im variablen Handel auf eine Aktie gesenkt. Als Besitzer der Aktie sind Sie am Grundkapital des Unternehmens beteiligt. Die Höhe Ihrer Beteiligung hängt vom Nennwert der Aktie ab.

➡Tip 4: ***Der Nenn- oder Stückwert aller Aktienvarianten bestimmt nicht den tatsächlichen Aktienwert***

Der Wert einer Aktie wird durch ihren Marktwert bzw. Börsenkurs ausgedrückt. Er umfaßt neben Angebot und Nachfrage auch die Gewinnaussichten der Gesellschaft und die gesamtwirtschaftliche Entwicklung. Dementsprechend liegt der tatsächliche Börsenwert der Aktie viel höher als ihr Nenn- oder Stückwert.

So gibt es zwar Fünf-Mark-Aktien, aber kaufen kann man sie zu diesem Preis nicht. Logisch, denn man kann keine Aktie zu ihrem Nennwert kaufen. Der Nennwert ist der Anteil am Grundkapital, für den die jeweilige Aktie steht. Er beträgt in Deutschland fünf (früher fünfzig) Mark. Allerdings nicht mehr lange, denn mit der europäischen Währungsunion und der Einführung

des Euro wird die Mark als Währung im Jahre 2002 verschwinden. Der gesetzlich vorgeschriebene Mindestnennwert im Euro-Land soll dann ein Euro betragen (→ S. 109).
Der Wert eines Unternehmens als Verkaufspreis an einen möglichen Übernehmer richtet sich nicht nach dem Grundkapital, sondern nach Ertragswert (anhand von Gewinnen) und Substanzwert (anhand der erworbenen Gegenstände) bzw. wird anhand einer Mischung dieser beiden Größen ermittelt. Und diese Summe sollte bei einem gesunden Unternehmen immer über dem Grundkapital liegen. Deshalb bekommen Sie keine Aktie zum Nennwert.
Der Bogen zum Mantel besteht aus 10 oder 20 Dividendenscheinen (Kupons) sowie einem Erneuerungsschein (Talon), für den Sie jeweils einen neuen Bogen bekommen (wenn die alten Kupons verbraucht sind). Gegen Vorlage eines Kupons bekommen Sie die jeweilige Dividende ausgezahlt. Das klingt nach Arbeit – ist es jedoch nicht. Denn Ihre Depotbank übernimmt sämtliche Arbeiten, die mit Ihrem Depot verbunden sind. Das ist deren Job, dafür gibt es die sogenannte Girosammelverwahrung und dafür zahlen Sie die Depotgebühren.

Die Dividende. Die Höhe dieser jährlichen Ausschüttung richtet sich maßgeblich nach dem erzielten Gewinn der Aktiengesellschaft. In Jahren mit starken Erträgen kann die Dividende steigen – in schlechten Geschäftsjahren kann sie jedoch auch gekürzt werden oder sogar ganz ausfallen.

➡Tip 5: ***Richten Sie sich nicht nur nach der Dividende***

Es gibt keine Garantie für die Dividendenerträge in der Zukunft. Auch wenn sie jahrelang ununterbrochen gezahlt wurde, ist eine Fortschreibung der Zahlungen nicht zwangsläufig.

In der Satzung des Unternehmens ist die Aufteilung des Grundkapitals festgelegt. Außerdem steht dort geschrieben, wieviel Kapital des Unternehmens in Stammaktien und anderen Aktienvarianten verbrieft ist.

Die Stammaktie. Stammaktien sind in Deutschland die am meisten vertretene Aktienform, rund 90 Prozent aller an deutschen Börsen notierten Aktien sind sogenannte »Stämme«. Sie garantieren dem Aktienbesitzer alle Aktionärsrechte, vor allem das volle Stimmrecht. Innerhalb der Stammaktien wird zwischen Inhaberaktien, Namensaktien und vinkulierten Namensaktien unterschieden.

Inhaberaktien. Diese lauten nicht auf einen bestimmten Namen, sondern auf den jeweiligen Inhaber. Daher ist ein Eigentumswechsel ohne besondere Formalitäten möglich. Die meisten deutschen Aktien werden – im Gegensatz zu denen vieler ausländischer Aktiengesellschaften – als Inhaberaktien emittiert. Der Grund: das deutsche Aktiengesetz sieht die Inhaberaktie als Regelfall vor.

Namensaktien. Solche Aktien lauten auf den Namen einer bestimmten natürlichen oder juristischen Person. Dem Unternehmen sind die Aktionäre namentlich bekannt, denn jeder Aktienbesitzer wird in das Aktienbuch der Gesellschaft eingetragen. Das macht Namensaktien schwer handelbar. Denn bei einem Wechsel des Aktienbesitzers müssen sowohl der Aufdruck auf der Aktie als auch das Namenregister der Aktiengesellschaft geändert werden.

Vinkulierte Namensaktie. Wenn der Verkauf der Aktie zusätzlich an die Zustimmung der Gesellschaft gebunden ist, spricht man von vinkulierten Namensaktien. Die Aktiengesellschaft zieht daraus den Vorteil, daß sie die Übersicht über den Aktionärskreis behält.

Die Vorzugsaktie. Neben den Stammaktien gibt es die sogenannte Vorzugsaktie, auch »Vorzüge« oder »Vz« genannt. Vorzugsaktien können mit oder ohne Stimmrecht emittiert werden, dabei ist letzteres der Regelfall. Ohne Stimmrecht dienen sie der Beschaffung von Eigenmitteln, ohne daß sich die Stimmrechtsverhältnisse in der Hauptversammlung verschieben. Ein besonderes Merkmal von Vorzugsaktien sind die Sonderrechte (z. B. eine garantierte oder höhere Dividende), die sie ihrem Besitzer einräumen.

Die Gratisaktie. Löst die Aktiengesellschaft ihre bilanzierten Rücklagen auf und wandelt diese in Grundkapital um, werden Gratisaktien (auch Zusatzaktien, Berichtigungsaktien) an Aktionäre ausgegeben. Dabei wird ihnen jedoch nichts geschenkt, denn die Gratisaktien werden aus Gewinnen finanziert, die in früheren Jahren erwirtschaftet, aber nicht an die Aktionäre ausgeschüttet wurden. Somit erhöht sich das Grundkapital, ohne daß von außen Geldmittel zufließen. Dabei bleibt dem Aktionär der Gesamtwert seiner Aktien erhalten, er besitzt dann aber zum Beispiel statt einer Aktie von 200 Mark zwei Aktien mit einem Kurswert von je 100 Mark. Möglicher Vorteil: bleibt die Dividendenausschüttung gleich, erhält er die doppelte Dividende.

Kauf von Neuemissionen

Die Deutsche Telekom brachte den Stein ins Rollen. Seit ihrem Börsengang im Herbst 1996 scheinen Privatanleger Gefallen an der Börse gefunden zu haben: Neuemissionen sind so gefragt wie nie zuvor, Banken erleben einen wahren Ansturm bei der Ausgabe von Anteilscheinen neuer Aktien. Bevorzugt werden Aktien, die dem Segment Neuer Markt an der Frankfurter Börse zugeordnet werden. Dreistellige Kursgewinne sorgten hier zeitweise für ein besonders aufgeheiztes Börsenklima. Doch gerade in dieser Situation ist es um so wichtiger, daß der Anleger einen kühlen Kopf bewahrt. Beachten Sie die wichtigen Regeln, damit der Kauf von Neuemissionen nicht in einem Desaster endet:

➡Tip 6: ***Kaufen Sie niemals blind***
Informieren Sie sich vor der Zeichnung über den Börsenneuling. In welcher Branche ist das Unternehmen aktiv? Warum geht es an die Börse? Beachten Sie, daß der Emissionserlös im positiven Fall nur dem Unternehmen zur Verfügung steht. Erhalten jedoch die Altaktionäre alles oder dient der Erlös nur dem Schuldenabbau, dann ist größte Vorsicht geboten. Ebenso skeptisch sollte man sein, wenn die Rechtsform des Unternehmens keine AG ist.

➡Tip 7: ***Das Börsensegment ist wichtig***
Es gibt erhebliche Unterschiede, ob die Zeichnung im Freiverkehr, im geregelten Markt, im amtlichen Handel oder im Neuen Markt erfolgen soll. (→ S. 33)

➡Tip 8: ***Arbeiten Sie immer mit einem Kurslimit***
Das gilt besonders dann, wenn Sie bei der Erstzeichnung keine Aktien erhalten haben und erst beim ersten Kurs Aktien erwerben. Steigt der Kurs jedoch sofort nach der Neuemission explosionsartig, dann lassen Sie die Finger davon! Laufen Sie keinem Kurs hinterher, und kaufen Sie nur kleinere Werte nach – bis zu Ihrem persönlich festgelegten Kurslimit.

➡Tip 9: *Achten Sie auf die Konditionen der Emissionen*

Wichtige Fragen sind zum Beispiel: Wie ist das Kurs-Gewinn-Verhältnis auf Basis des Ausgabekurses? Wird der Börsenneuling eine Dividende zahlen?

➡Tip 10: *Sie können bis zum letzten Tag der Zeichnungsfrist vom Kaufvertrag zurücktreten oder ihn ändern*

Wenn Sie als Anleger also unsicher werden und nicht wissen, ob Ihre Order eine richtige Entscheidung war, behalten Sie in dieser Zeit eine Hintertür offen. Abgesehen von der eigenen Unsicherheit, gibt es auch die Fälle, wo Unternehmen sich die Möglichkeit einräumen lassen, während einer Preisbestimmungsperiode den Kurs höher setzen zu können. Das wäre beispielsweise ein gegebener Grund, den Kaufauftrag zu stornieren.

Der Vorteil von Neuemissionen hängt ab von dem Ausgabepreis, zu dem Sie die Papiere erhalten. Aber auch die Nachteile liegen auf der Hand: Die Geschäftstüchtigkeit der Gesellschaft und ihr Geschick am Markt können bei einer Neuemission nur eingeschränkt beurteilt werden. Das Risiko kann somit größer sein als bei alteingeführten Gesellschaften. Und auch auf die Aussagen der an der Emission beteiligten Banken (Ausgabe, Markteinführung) ist nicht hundertprozentig Verlaß – schließlich verdienen sie an der Börseneinführung.

➡Tip 11: *Informieren Sie sich über Emissionsbedingungen*

Die Emissionsbedingungen (z. B. Kursobergrenze, Verlängerungsklausel) sind ein wichtiges Kriterium. Entscheiden Sie sich für Emissionen mit geringen Spannen zwischen An- und

Verkaufskurs. Faustregel: Bei DAX-Papieren sollte sie nicht größer als ein Prozent sein – bei Exoten darf sie bis zu fünf Prozent betragen.

Rendite berechnen und Gewinne vergleichen

Für den Anleger ist die Höhe der Rendite, also die jährliche Effektivverzinsung des eingesetzten Kapitals, ein wichtiges Kriterium. Doch die Rendite ist nicht immer auf den ersten Blick zu durchschauen. Wer sein Geld beispielsweise auf einem Sparbuch anlegt, kann seine Rendite relativ schnell erkennen: Der Guthabenzins, den das Institut zahlt, ist zugleich die Rendite. Ganz anders ist es jedoch bei Wertpapieren: Denn da spiegeln die Dividende (bei Aktien) oder der Zins (z. B. bei festverzinslichen Wertpapieren) nicht die Rendite wider – weil sie sich lediglich auf den Nennwert des jeweiligen Papiers beziehen. Der Kurswert, den Sie bezahlt haben und der den Wert Ihrer Anlage ausdrückt, wird nicht berücksichtigt.
Folgendes Beispiel macht das deutlich: Angenommen, bei einer Aktie mit einem Nennwert von 50 Mark und einem Börsenkurs von 200 Mark beträgt die Bardividende acht Mark und es gibt eine Steuergutschrift von 4,50 Mark. Dann beträgt die Bruttodividende 12,50 Mark – bezogen auf den Börsenkurs der Aktie ergibt sich eine Rendite von 6,25 Prozent.

Die Dividendenrendite. Um einen direkten Vergleich zwischen Dividendenzahlungen verschiedener Aktien zu ziehen, setzt man die Dividende ins Verhältnis zum aktuellen Kurs. Die ermittelte Dividendenrendite liefert einen wichtigen Anhaltspunkt, wie sich das angelegte Kapital verzinst. Die Berechnung ist einfach:

Berechnung der Dividendenrendite

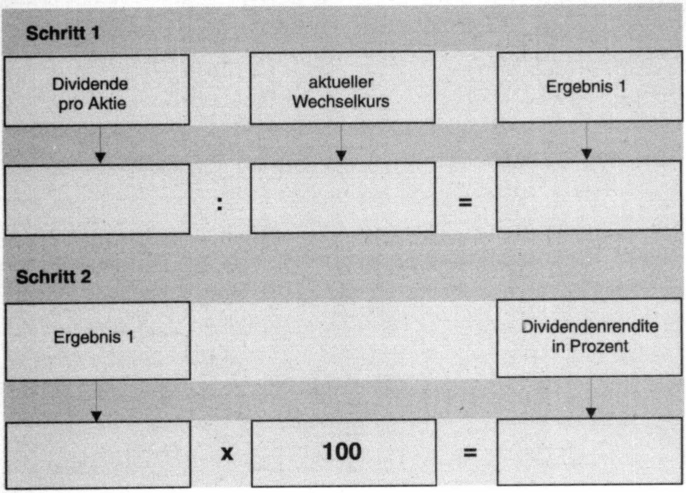

Vergleich verschiedener Wertpapiere. Für welche Art von (Einmal-)Anlage Sie sich auch entscheiden oder bereits entschieden haben – das folgende Rechenmuster hilft Ihnen, die erzielte Rendite zu ermitteln. Nur sie bietet einen Vergleichsmaßstab für die Ertragskraft verschiedener Anlageformen. Wichtig wird dies, wenn Sie sich z. B. zwischen festverzinslichen Wertpapieren oder Aktien entscheiden wollen. Nettorendite bedeutet in diesem Fall, daß eventuelle steuerliche Abzüge noch nicht berücksichtigt werden. (→ S. 111)

Berechnung der jährlichen Nettorendite

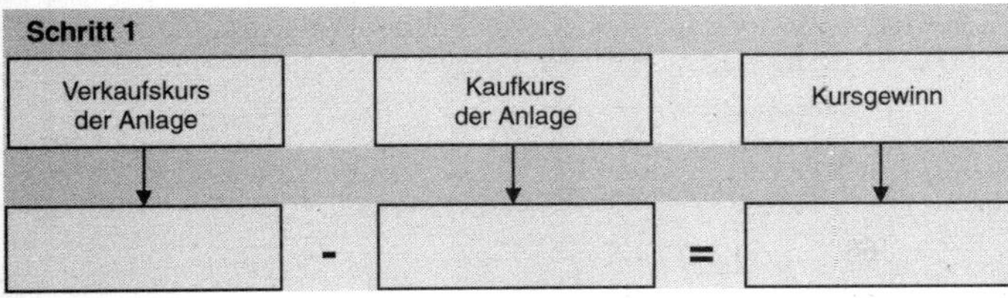

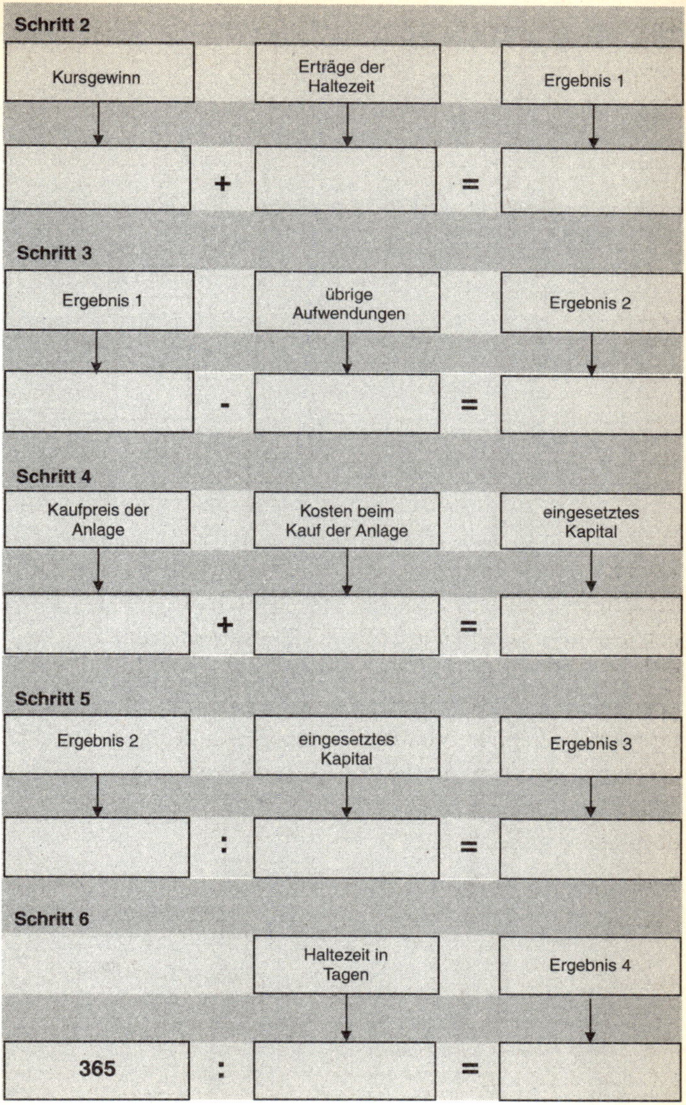

Schritt 2
Kursgewinn
Erträge der Haltezeit
Ergebnis 1
+
=
Schritt 3
Ergebnis 1
übrige Aufwendungen
Ergebnis 2
-
=
Schritt 4
Kaufpreis der Anlage
Kosten beim Kauf der Anlage
eingesetztes Kapital
+
=
Schritt 5
Ergebnis 2
eingesetztes Kapital
Ergebnis 3
:
=
Schritt 6
Haltezeit in Tagen
Ergebnis 4
365
:
=

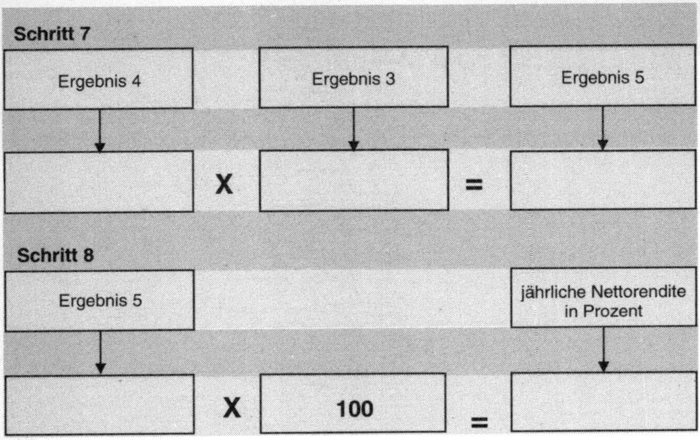

Berechnung der Rendite bei Anleihen. Die Rendite von festverzinslichen Wertpapieren steht in enger Verbindung mit dem Barwert. Diese Zahl gibt Auskunft über den gegenwärtigen Wert künftiger Zahlungen, die aus dem Inhaberrecht der Anleihe erwachsen. Die Rendite ist nichts anders als der Zinssatz, mit dem diese zukünftigen Zahlungen abgezinst (diskontiert) werden müssen, um einen Barwert zu erhalten, der dem aktuellen Anleihekurs gleichkommt. Die exakte Berechnung ist ziemlich komplex und mit einem normalen Taschenrechner nicht zu bewerkstelligen. Greifen Sie daher auf eine gebräuchliche Faustformel zurück, die durchaus zuverlässige Ergebnisse liefert.

Berechnung der Rendite

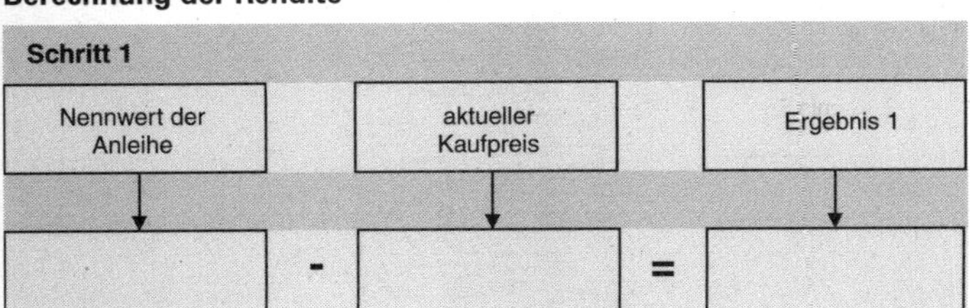

Schritt 2

Ergebnis 1		Laufzeit bzw. Restlaufzeit in Jahren		Ergebnis 2
	:		=	

Schritt 3

Ergebnis 2		Nominalzins der Anleihe		Ergebnis 3
	+		=	

Schritt 4

Börsenkurs		Stückzinsen in DM		Ergebnis 4
	+		=	

Schritt 5

Ergebnis 3		Ergebnis 4		Ergebnis 5
	:		=	

Schritt 6

Ergebnis 5				Rendite in Prozent
	x	100	=	

➡ Tip 12: *Denken Sie beim Kauf von Anleihen an die Stückzinsen*

Da der Käufer einer Anleihe beim nächsten Kupontermin die volle Auszahlung erhält, muß er die inzwischen aufgelaufenen Zinsen, d. h. die Zinsen für die Zeit zwischen letztem Auszahlungstermin und Kauftag, an den Verkäufer zurückzahlen.

Berechnung von Stückzinsen

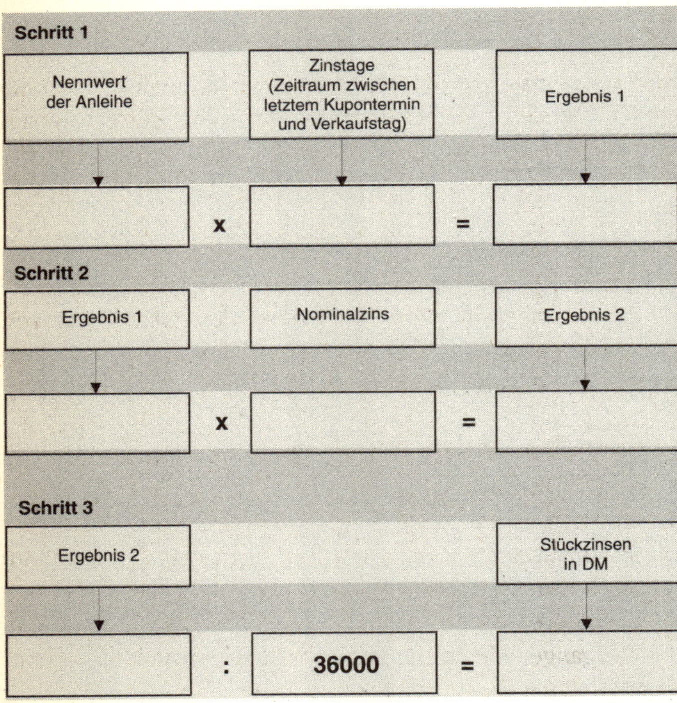

Weitere wichtige Gewinnfaktoren

Der gesamte Gewinn des Aktionärs besteht jedoch nicht allein aus der Rendite. Hier spielen auch andere Faktoren eine Rolle. Dazu gehören vor allem

- Kursgewinne,
- Dividenden und
- Bezugsrechte,

also die Möglichkeit, an der Ausgabe z. B. von Gratis- oder Berichtigungsaktien zu verdienen.

Kursgewinne. Vor allem die Kursgewinne spielen dabei eine entscheidende Rolle. Mancher Aktionär setzt sogar ganz auf die erhofften Kurssteigerungen und nimmt die weiteren Erträge aus Dividendenzahlungen oder dem Verkauf von Bezugsrechten eher als kleines Zubrot.
Aktienkurse schwanken, einzelne Werte verzeichnen manchmal innerhalb weniger Tage zweistellige Kursgewinne, während es bei anderen innerhalb derselben Zeit mit zweistelligen Prozentzahlen in den Kurskeller geht. Langfristig betrachtet aber zeigt die Kurslinie immer nach oben.

➡Tip 13: ***Langfristig sind Kursgewinne immer möglich***

Theoretisch ist es machbar, sein Geld ohne Verluste an der Börse einzusetzen, sogar Gewinne zu machen. Man müßte nur nach Kursverlusten so lange warten, bis sich die Verluste durch spätere Gewinne wieder ausgeglichen haben. Dies ist in der Vergangenheit immer passiert. Aber meistens haben Anleger nicht die Geduld, darauf zu warten.

Angenommen, Sie haben Aktien gekauft und diese Aktien vollziehen immer exakt die Bewegungen des DAX nach. Nun erleben Sie einen Börsencrash, der DAX und Ihr Kurs brechen ein – dann wäre ein Verkauf das Verkehrteste der Welt. Denn ein Blick auf die DAX- Jahresendstände der Vergangenheit zeigt Ihnen, wie lange Sie schlimmstenfalls hätten warten müssen, um die erlittenen Verluste durch Gewinne wieder wettzumachen, sie eventuell sogar aufzuholen. So stellt auch ein deutlicher Kurseinbruch für den Anleger noch keinen Verlust dar. Der Verlust tritt erst ein, wenn er realisiert wird, also die Aktien zu Kursen unterhalb des Kaufkurses verkauft werden.

➡Tip 14: ***Investieren Sie nur Geld, das Sie »übrig« haben***

Eine wichtige Grundregel im Aktiengeschäft lautet: Nur solches Geld in Aktien investieren, auf das man langfristig nicht, auf gar keinen Fall aber zu einem bestimmten Zeitpunkt angewiesen ist.

Nach einem deutlichen Kurseinbruch an der Börse bieten sich für den Anleger immer neue Chancen auf kräftige Kursgewinne. Doch zunächst muß die Situation des Börsencrash durchgestanden werden, und das schafft nicht jeder. An einem Beispiel (ohne Berücksichtigung von Gebühren) wollen wir Ihnen drei verschiedene Anlegertypen in einer Crash-Situation darstellen: Alle drei haben 20 000 Mark in 50 Aktien einer Firma XY zu einem Kurs von je 400 Mark investiert. Unmittelbar darauf trifft ein Börsencrash auch dieses Unternehmen – der Kurs halbiert sich. Jetzt ist jede Aktie nur noch 200 Mark wert.

Der nervöse Anleger. Er ist unsicher oder er benötigt das Geld und verkauft. Das Aktienpaket bringt dann nur noch 10 000 Mark, er erleidet einen Verlust von 10 000 Mark.

Der Stillhalter. Er wartet auf ein besseres Börsenklima und behält seine Papiere. Er muß allerdings Geduld haben, denn bis die Kurse sich wieder bis auf 400 Mark erholt haben, kann es dauern.

Der Aktivist. Er spekuliert ebenfalls auf ein besseres Börsenklima und verbilligt, das heißt, er kauft weitere 25 Aktien derselben Firma XY, zahlt dafür aber natürlich nur 200 Mark pro Stück. Nun besitzt er insgesamt 75 Aktien, für die er insgesamt 25 000 Mark bezahlt hat. Pro Aktie hat er also 333,33 Mark aufgewendet. Deshalb muß er nicht mehr warten, bis der Kurswert wieder bei 400 Mark liegt, um ohne Gewinne aussteigen zu können. Im Gegenteil: Steigt der Kurs tatsächlich wieder auf 400 Mark, erhält er beim Verkauf seiner 75 Aktien sogar 30 000 Mark, macht also einen Gewinn von 5000 Mark.

Vorausgesetzt, es handelt sich um eine allgemeine Schlappe an der Börse oder eine Crash-Situation, handelt der Aktivist langfristig am gewinnträchtigsten. Fällt dagegen nur der Kurs eines einzelnen Wertes losgelöst vom allgemeinen Börsentrend, ist Vorsicht angesagt.

➡Tip 15: *Prüfen Sie unbedingt die Ursache des Kursverfalls*

Eine alte Regel des ehrbaren und vorsichtigen Kaufmanns zu Hamburg sagt, daß man dem schlechten Geld nicht noch gutes hinterherwerfen soll, also lieber ein Ende mit Schrekken herbeiführen als einen Schrecken ohne Ende riskieren sollte.

Vor allem die beiden folgenden Punkte müssen geklärt werden:

- Liegt eine Unternehmenskrise vor, die langfristig die Ertragskraft gefährdet? Eine solche Situation kann zum Beispiel durch ein schwaches Management ausgelöst werden.

In diesem Fall sollte der Zukauf gut überlegt sein, der Anleger muß viel Mut zum Risiko aufbringen.

- Oder handelt es sich nur um eine Schreckreaktion von Anlegern auf eine negative Nachricht, die aber zumindest mittelfristig nichts an den guten Erwartungen bezüglich der Ertragskraft ändert?

Hier kann sich die aktive Strategie des Nachkaufens weiterer Papiere auszahlen.

➡Tip 16: ***Keine heiße Spekulation für Aktieneinsteiger***

Die Regel, daß man schlechtem (verlorenen) Geld nicht noch gutes hinterherwerfen will, gilt für vorsichtige Kaufleute – und auch für den Aktieneinsteiger mit Normaleinkommen. Das Pokerspiel mit Werten eines zusammengebrochenen oder zusammenbrechenden Unternehmens ist heißeste Spekulation – ein totales Verlustrisiko besteht dann immer.

Auch Aktien mit sehr geringen Kurssteigerungen können eine interessante Anlageform sein – vor allem für Anleger, denen heftige Kursausschläge nicht geheuer sind.

Die Dividendenstrategie. Neben den zu erwartenden Kursgewinnen, lohnt sich für den Anleger auch ein genauer Blick auf die Verzinsung der Dividende. Denn allein der Ertrag aus der Dividendenrendite kann ansehnlich sein.

➡Tip 17: ***Sichere Rendite mit sogenannten Sparbuchaktien***

Es gibt Aktien, die überdurchschnittlich hohe Dividendenerträge von nicht selten über vier, manchmal auch über fünf Prozent, bieten. Deshalb werden diese Papiere gelegentlich auch als Sparbuchaktien bezeichnet.

In vielen Fällen handelt es sich bei Sparbuchaktien um die Aktien von Unternehmen, die in relativ stabilen, konjunkturunabhängigen oder klar aufgeteilten Märkten ihre Geschäfte machen, Energieversorgungsunternehmen gehören dazu, aber auch Werte wie die Deutsche Telekom.

➡**Tip 18:** ***Der Anleger sollte bei der Dividendenstrategie seinen Sparerfreibetrag noch nicht ausgeschöpft haben.***

Auf die Dividende, die von der Aktiengesellschaft ausgeschüttet und direkt auf Ihrem Depotkonto gutgeschrieben wird, erhebt der deutsche Staat eine Quellensteuer. Diese wird von der Bank an das für das Geldinstitut zuständige Finanzamt abgeführt, wenn es keinen Freistellungsauftrag gibt. Wer auf Dividende setzt, sollte also einen Freistellungsauftrag stellen und noch Platz in seinem Sparerfreibetrag haben.

Zusammen mit den oft stattlichen Körperschaftsteuergutschriften stellen solche Sparbuchaktien eine sehr interessante und lohnende Alternative zu festverzinslichen Wertpapieren dar.

➡**Tip 19:** ***Achten Sie bei der Dividendenstrategie auf die Höhe der Körperschaftsteuergutschrift***

Die Körperschaftsteuergutschrift beträgt nämlich nur dann drei Siebtel, wenn das Unternehmen seine Gewinne ausschließlich im Inland versteuert. Werden Erträge im Ausland versteuert, gibt es dafür keine Steuergutschrift.

Bezugsrechte. Außer bei Gratis- und Berichtigungsaktien bekommt der Teilhaber einer Aktiengesellschaft als Altaktionär bei jeder Kapitalerhöhung die Möglichkeit eingeräumt, ein

Vorkaufsrecht auf die jungen Aktien auszuüben. Die Bezugsrechte richten sich nach dem Aktienanteil des jeweiligen Anlegers. Er kann sie ausüben oder verkaufen. Der Wert eines Bezugsrechts kann tagesaktuell z. B. bei der Bank erfragt werden, er wird aber auch von Wirtschaftsredaktionen im Umfeld der Börsenkurse veröffentlicht.

➡Tip 20: ***Bei Bezugsrechten situationsgerecht entscheiden***

Ob ein Bezugsrecht verkauft werden oder ausgeübt werden soll, kann der Anleger nur vom Einzelfall abhängig machen. Hierfür gibt es keine Faustregel.

Bevor sich der Anleger für die Ausübung oder den Verkauf seiner Bezugsrechte entscheidet, sollte er sich zunächst ein Bild über die genauen Umstände der Kapitalaufstockung machen.

➡Tip 21: ***Bezugsrecht ausüben bei Kapitalerhöhung***

Findet eine Kapitalerhöhung statt, weil das Unternehmen in interessante Zukunftsmärkte investieren, mit dem frischen Geld seine Ertragsmöglichkeiten verbessern will, sollte das Bezugsrecht ausgeübt werden.

➡Tip 22: ***Bezugsrecht verkaufen bei Kapitalbedarf***

Besteht Kapitalbedarf wegen einer wirtschaftlichen Schieflage des Unternehmens, kann ein Verkauf der Bezugsrechte sinnvoll sein.

Wie bei jedem Aktienkauf kommt es also auch hier darauf an, die Zukunft des Unternehmens einzuschätzen. Wer da zu einem positiven Ergebnis kommt, macht mit dem Verkauf des Bezugsrechts meistens einen schlechten Schnitt.

➡Tip 23: *Wollen Sie Bezugsrechte verkaufen, sollten Sie sich damit immer beeilen*

Steht für Sie fest, daß Bezugsrechte nicht ausgeübt werden sollen, ist ein schneller Verkauf unbedingt ratsam. Regelmäßig sinkt der Wert der Bezugsrechte zum Ende des Bezugszeitraums rapide, weil dann große Mengen noch nicht ausgeübter Bezugsrechte auf den Markt kommen – und das drückt die Preise.

Zwar sinkt der Aktienkurs meistens nach der Kapitalerhöhung, weil vom Kurs der Wert des Bezugsrechts abgezogen wird. Aber bei positiven Unternehmensaussichten erreichen die Kurse oft innerhalb kurzer Zeit wieder ihre alte Höhe. Auch an der Dividende ändert sich meistens nichts. Das aber bedeutet: Der Kapitaleinsatz pro Aktie verringert sich, für den Anleger ergibt sich eine höhere Dividendenrendite.

Die deutsche Börse im Umbruch

Die Börse ist ein öffentlicher und nach festen Gesetzen organisierter Markt, an dem Preise für Effekten gebildet und diese Effekten gehandelt werden. Damit sind Wertpapiere gemeint – Urkunden also über langfristige Kapitalanlagen. Dazu gehört auch die Aktie, mit der ein Anleger seine Kapitalbeteiligung an einem Unternehmen bestätigt bekommt. Die Börse bestimmt das Finanzgeschehen jedoch nicht erst seit gestern. Ihre Geschichte geht bis ins 15. Jahrhundert zurück.

Die Börsengeschichte und das Dilemma mit dem »schwarzen Freitag«
1409: Die erste Börse der Welt eröffnet in Brügge. Sie erhält den Namen der Kaufmannsfamilie Van der Buerse.
1540: Fast zur selben Zeit werden die ersten beiden deutschen Börsen in Nürnberg und Augsburg gegründet.
1554: Die Londoner Börse (Royal Exchange) wird ins Leben gerufen.
1602: An der damals weltweit wichtigsten Börse in Amsterdam wird das Wertpapier der Niederländischen Ostindischen Kompagnie gehandelt – nach heutigem Begriffsverständnis als wohl erste Aktie der Welt.
1720: Der erste aktenkundige Börsencrash der Geschichte – ausgelöst durch zu hohe britische Staatsschulden. Es kommt zu einer Überbewertung der South Sea Company, weil ein Teil der Schulden in Aktien dieser Gesellschaft umgewandelt wurde.
1756: Die ersten deutschen Aktien werden in Berlin gehandelt.
1792: Die New York Stock Exchange (heute auch bekannt unter Wall Street) wird eröffnet.
1820: Der Aktienhandel an der Börse in Frankfurt/Main startet.
1840: In Deutschland gibt es den ersten Börsenboom, der Aktienhandel kommt durch den fortschreitenden Eisenbahnbau und den dafür erforderlichen Geldbedarf in Schwung.

1873: Die erste Börsenschließung in der Geschichte ereignet sich in New York. Dort melden mehrere amerikanische Eisenbahngesellschaften Zahlungsunfähigkeit an.

1929: Die »goldenen 20er Jahre« gehen zu Ende – ausgelöst durch den »schwarzen Freitag«, den bisher größten Börsencrash. Der Dow-Jones-Index fällt in den darauffolgenden drei Jahren um über 900 Prozent – alle Börsen der Welt werden mitgerissen. Es beginnt die Weltwirtschaftskrise.

1971: In New York wird die erste elektronische Börse der Welt gegründet, die National Association of Deales Automated Quotation System (NASDAQ).

1987: Ein neuer »schwarzer Freitag« geht in die Geschichte ein, obwohl der Crash diesmal auf einen Montag im Oktober fällt: Nach langer Kurseuphorie bricht der überhitzte Mark in New York zusammen. Der Börsencrash hat weltweite Auswirkungen. Der Dow Jones fällt innerhalb von vier Wochen um 25 Prozent, der DAX folgt ihm fast übereinstimmend.

Hüter und Teilnehmer der Börse

Grundsätzlich soll die Börse unabhängig von einem Einzelunternehmen (Bank) die Möglichkeit bieten, sich Kapital zu beschaffen oder Kapital anzulegen. Andererseits drehen die Banken gewaltig mit am Börsenrad: An der Deutschen Börse AG in Frankfurt halten z. B. Dresdner und Commerzbank zusammen mit der BHF Bank, der Bayerischen Vereinsbank, der Bayernhypo, der Deutschen Genossenschaftsbank und der Südwestdeutschen Genossenschafts-Zentralbank zusammen schon weit über 25 Prozent der Anteile, außerdem sind weitere Banken sowie Kurs- und freie Makler beteiligt.
Die Gründung einer Börse muß von der jeweiligen Landesregierung genehmigt werden. Sie ist es auch, die die Aufsicht über die Börse ausübt. Das seit 1896 in Kraft stehende und seitdem mehrmals geänderte Börsengesetz schreibt vor, daß jeder Börsenvorstand eine Börsenordnung erlassen muß, die von der Landesregierung genehmigt wird. Dabei ist der Bör-

senvorstand das oberste Leitungsorgan der Börse. Hier werden die Gesetze und Verordnungen überwacht, das Börsengeschehen organisiert, die Ordnung in den Börsenräumen kontrolliert, Geschäftsbedingungen er- und Geschäftsführer bestellt und die Teilnehmer zum Börsenhandel zugelassen. Dabei handelt es sich nicht nur um die namentliche Zulassung der Unternehmen, sondern auch um die für sie tätigen Personen. Das sind einerseits die selbständigen Teilnehmer am Börsenhandel, wie Geschäftsinhaber oder -leiter, andererseits können es auch »börsenberechtigte« Angestellte eines zugelassenen Unternehmens sein.
Die wichtigsten Regelungen im Börsengesetz betreffen den Aufbau und die Organisation der Börse und den Ablauf des Börsenhandels – also die Zulassung von Wertpapieren, die Feststellung des Börsenpreises und die Vorschriften für das Maklerwesen.

➡Tip 24: ***Achtung – ein wenig »Schwindel« ist immer möglich***

Beobachten Sie das Börsengeschehen aufmerksam, denn auch unter den Aktiengesellschaften oder den Kreditinstituten kann es schwarze Schafe geben.

Weitestgehend ausgeschlossen ist, daß am amtlich kontrollierten Handel Unternehmen teilnehmen, bei denen jede finanzielle Beteiligung dem Verlust von Geld gleichkäme. Ein absolut sauberes Verhalten gegenüber Öffentlichkeit und Inhabern (Aktionären) ist jedoch nicht immer grundsätzlich gegeben. Zwar unterliegen die Aktiengesellschaften – je nachdem, an welcher Form des Handels sie teilnehmen – zum Teil strengen Rechts- und Zulassungsvorschriften. Aber als Schwindel könnte man auch folgendes Verhalten der am streng kontrollierten amtlichen Handel teilnehmenden Firmen bewerten:

- falsche Angaben zum erwarteten Geschäftsverlauf
- verschwiegene hohe Rückstellungen und Beteiligungen zu Lasten von Dividendenzahlung an die Aktionäre
- eine unheimliche Banken-Allianz durch schlichtes Überstimmen von Kleinaktionären, um eventuelle Managementfehler eigener Vertreter abzusegnen

Die Börse heute und morgen

Die Übersicht zeigt die Elemente der Börse, den Präsenzhandel und den neuen vollelektronischen Handel Xetra. Mit dem Parketthandel soll es jedoch bald vorbei sein, der vollelektronische Handel – das Computerbörsensystem Xetra – soll zukünftig das Börsengeschehen bestimmen.

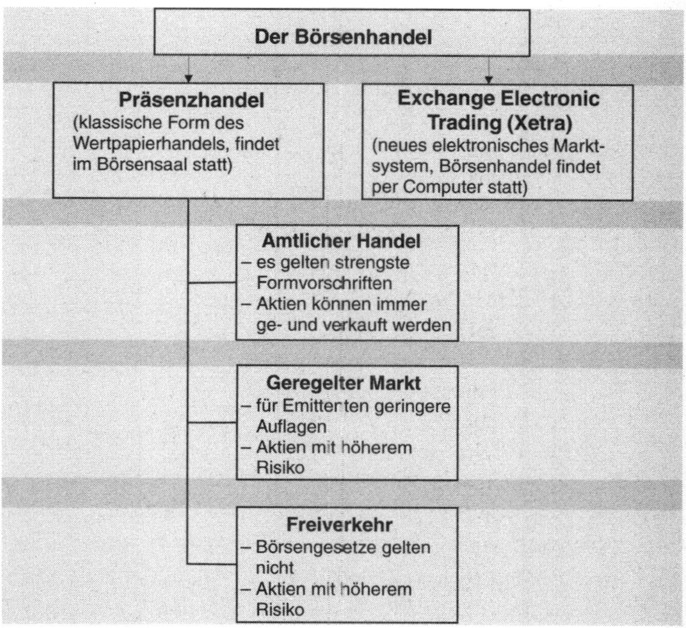

Der amtliche Handel. Der amtliche Handel wird durch das Börsengesetz geregelt. Hier gelten die strengsten Formvorschriften für in- und ausländische Kapitalgesellschaften. Daran beteiligen dürfen sich nur Makler (englisch: Broker), die von der jeweiligen Landesregierung bestellt werden.

➡**Tip 25:** ***Zum amtlichen Markt gehören die Blue Chips***
Höchstumsätze werden im amtlichen Handel erzielt, er gilt als das Herz des deutschen Börsengeschehens. Die hier notierten Aktien stammen (aber nicht ausschließlich) von Unternehmen mit erstklassiger Bonität, die sogenannten Blue Chips.

Scharf kontrolliert wird unter anderem, ob Insidergeschäfte getätigt werden. Mit anderen Worten, es wird untersucht, ob Spezialwissen zum eigenen Vorteil ausgenutzt wurde, so daß die Beteiligten einen Informationsvorsprung gegenüber anderen hatten. Weniger scharfe Regeln gelten in den übrigen Segmenten des Aktienmarktes.

Der geregelte Markt. Auf dem sogenannten geregelten Markt herrschen weniger strenge Zulassungsbedingungen für die Emittenten (börsennotierte Unternehmen). Der geregelte Markt ist natürlich auch Börsengesetzen unterworfen, er soll aber solchen Unternehmen den Gang an die Börse erleichtern, die die Anforderungen des strengen amtlichen Handels nicht erfüllen.

Der Freiverkehr. Beim Freiverkehr haben die Börsenvorstände lediglich eine Aufsichtspflicht zur Vorbeugung von Mißbrauch. Zwar wurden von den Börsen auch in diesem Segment bestimmte Zugangsvoraussetzungen geschaffen, doch im Börsengesetz ist der Freiverkehr nicht genauer geregelt. Die Rahmenbedingungen des Freiverkehrs sind durch die entsprechende Börsenordnung gesetzt. Die wenigen formalen Zulassungsvoraussetzungen sollen den Anleger vor schwarzen Schafen schützen. Im Freiverkehr wird unterschieden zwischen dem geregelten Freiverkehr (keine amtliche Zulassung für notierte Firmen, unterliegt nicht den Börsengesetzen) und dem ungeregelten Freiverkehr (eine Art »undurchsichtiger Freiverkehr«, denn dort kann sich alles im rechtlichen Nirwana abspielen).

Der außerbörsliche Handel. Neben dem Präsenz- und dem Computerhandel gibt es in Deutschland außerdem einen sogenannten außerbörslichen Handel für Wertpapiere, den Telefonhandel. Er umfaßt alle Wertpapiergeschäfte, die vor allem von Banken über das Telefon getätigt werden. Dabei werden alle Wertpapiere gehandelt, auch die der drei Börsensegmente. Sie werden im allgemeinen unter der Bezeichnung »Telefonpapiere« oder »Telefonwerte« notiert. Der außerbörsliche Handel ist grundsätzlich nicht gesetzlich geregelt.

Xetra – die neue Computerbörse

Im November 1997 feierte das neue elektronische Computerhandelssystem Xetra seinen Einzug an die Börse. Es ist das Nachfolgemodell von Ibis, dem Integrierten Börsenhandels- und Informations-System. Ibis, ein vollcomputerisiertes Wertpapierhandelssystem, wurde im Jahre 1991 geschaffen und von der Deutschen Börse angeboten. Für den Ibis-Handel galten zwar die gleichen Gesetze und Vorschriften wie für den Parketthandel, doch trotzdem kamen mit dem Computer wesentliche Änderungen: So wurde im Ibis-Handel der Kursmakler, der als Vermittler im Parketthandel tätig ist, überflüssig. Der Ibis-Teilnehmer hatte nunmehr sein eigenes Terminal, an dem er

das Börsengeschehen verfolgen und seine Orders eingeben konnte. Die so erteilten Kauf- oder Verkaufsaufträge waren für jeden Börsenteilnehmer verbindlich.
Das elektronische Computerhandelssystem Xetra basiert auf der gleichen Grundlage, auch hier kann das Börsengeschehen per Computer beobachtet und können Aufträge per Mausklick und Tastatur sofort ausgeführt werden. Entsprechend entfällt auch die Maklercourtage. Xetra geht allerdings noch ein paar Schritte weiter. Mit der neuen Computerbörse soll der deutsche Kapitalmarkt vereint werden. Bislang gab es in Deutschland mehrere Börsenplätze und Teilmärkte. Das hat vor allem historische Gründe – denn früher wäre es z. B. für einen Hamburger Kaufmann mangels Telekommunikationseinrichtungen und Verkehrsverbindungen kaum möglich gewesen, sich an der Frankfurter Börse zu beteiligen. Außerdem gibt es einige Unternehmen, die nur an bestimmten Börsen z. B. die Zulassung zum Freiverkehr erhalten haben. Dabei spielte oft auch die regionale Bedeutung des Unternehmens eine Rolle.
Wegen der immer stärkeren Bedeutung des größten Börsenplatzes Frankfurt (rund 80 Prozent Marktanteil), der auch international als die deutsche Börse schlechthin angesehen wird, gab es allerdings um den Fortbestand der kleineren Börsenplätze (Berlin, Bremen, Düsseldorf, Hamburg, Hannover, München und Stuttgart) heiße Diskussionen. Als erster Schritt zur Verschmelzung kann angesehen werden, daß seit dem 1. Juli 1997 alle deutschen Börsen kooperieren und ein gemeinsames Orderbuch führen, durch das für die 100 wichtigsten Aktien quasi ein gemeinsamer Kurs festgelegt wird – unabhängig vom jeweiligen Ort des tatsächlichen Handels. Für den Anleger ist dies zu begrüßen, weil er sich nicht mehr darum sorgen muß, ob sein Auftrag an der Börse mit dem aktuell niedrigsten Kauf- und höchsten Verkaufskurs ausgeführt wurde. Doch für die Regionalbörsen kann das

bitter werden. Denn die Computerbörse Xetra soll den Präsenzhandel auf lange Sicht vollständig ablösen, mit dem Ergebnis, daß Frankfurt/Main der einzige Börsenplatz in Deutschland sein wird. Denn die Frankfurter Börse hält alle Fäden in der Hand.
Stand der Ibis-Handel ausschließlich den angeschlossenen Kreditinstituten und den Kursmaklern zur Verfügung, wird die neue Computerbörse Xetra künftig auch für den Kleinanleger geöffnet sein. So wird jeder Auftrag ab einer Aktie elektronisch erfaßt, aber auch Optionsscheine und Anleihen sollen in Xetra per Computer gehandelt werden können.

➡Tip 26: *Fragen Sie Ihre Bank nach Xetra-Gebührenvorteilen*

Für die Banken wird der Börsenhandel durch Xetra sehr viel preisgünstiger. Die Maklercourtage entfällt, aber auch die Auftragsbearbeitung selbst, wie Schlußnotengebühr oder Abwicklungskosten, verringern sich gegenüber dem Parketthandel auf ein Viertel bis ein Fünftel des ursprünglichen Preises. Wenn Ihre Bank demnächst in Xetra arbeitet, fragen Sie sie nach den Gebührenvorteilen. Schön wäre es, würde sie diese an den Anleger weitergeben.

Unabhängig von ihrem Standort können die Marktteilnehmer über Xetra gleichberechtigt am Handel teilnehmen. Börsenaufträge werden durch Xetra sehr viel schneller und kostengünstiger abgewickelt. Enttäuschungen wegen zu langsamer oder gescheiterter Plazierungen sollen, so die Deutsche Börse AG, der Vergangenheit angehören. Schließlich schafft das neue Börsensystem bis zu 110 Orders pro Sekunde und bis zu 900 000 Aufträge pro Tag. Besonders im Zeitalter des Euro soll mit Xetra der grenzüberschreitende Handel ermöglicht werden.

Wie werde ich Aktionär?

Das Börsengeschäft ist nicht mehr allein Sache der Profis, auch der Privatanleger entscheidet sich zunehmend für den Kauf von Aktien. Doch bei der Abwicklung von Kauf und Verkauf fühlen sich viele Börsenneulinge allein gelassen und unzureichend informiert. Das ist besonders schlecht, wenn es an der Börse hoch hergeht und Entscheidungen relativ schnell getroffen werden müssen. Wer sich dann nicht zurechtfindet und auf Kursänderungen nicht entsprechend reagieren kann, sollte nicht nur seiner Bank die Schuld geben, sondern sich erst einmal selbst schlau machen. Es ist wichtig, daß Sie wissen, wie der Aktienkauf funktioniert, was das Aktionärsleben beinhaltet, welche Rechte Sie haben und wo Sie Gebühren sparen können.

Der Aktienkauf

Wer Aktionär werden möchte, muß seiner Bank einen Auftrag (Order) zum Kauf der gewünschten Aktien erteilen. Denn nur die Bank kann stellvertretend für den Aktionär an der Börse die gewünschten Geschäfte abwickeln. Der weitere Weg zum Börsenhandel geht immer über Profis, offizielle Börsenmakler und Börsenhändler als Vertreter der Geldinstitute.
In der Bank ist ein Wertpapierberater für Sie zuständig.

➡Tip 27: ***Sprechen Sie mit Ihrem Wertpapierberater***
In der ersten Zeit Ihres Aktionär-Daseins sollten Sie grundsätzlich die Möglichkeit wahrnehmen, Gespräche mit dem

Wertpapierberater Ihres Geldinstituts zu führen. Als Kunde steht Ihnen diese Serviceleistung zu. Eventuelle Tips müssen Sie natürlich nicht zwangsläufig befolgen – aber es ist zumindest hilfreich, über die eigenen Pläne zu sprechen und dazu Ratschläge zu erhalten.

Er informiert Sie über die Vorteile und Risiken des Aktiengeschäfts. Außerdem versucht er mit Ihnen gemeinsam herauszufinden, welcher Risikotyp Sie sind. Das ist wichtig, denn eine Fehleinschätzung kann schnell zur Unzufriedenheit des Anlegers führen. Die Konsequenz ist dann, daß der Anleger alle paar Wochen sein Depot umschichtet und sich dann wundert, daß er keinen Gewinn macht.

➨Tip 28: ***Holen Sie sich vor dem Aktienkauf eine qualifizierte Beratung***

Das können unabhängige Anlageexperten oder Banken sein. Verlassen Sie sich jedoch nicht ausschließlich auf die Ratschläge einer Beratung, sondern informieren Sie sich mindestens an zwei Stellen, und wechseln Sie dafür gegebenenfalls auch das Kreditinstitut.

Banken unterscheiden bis zu sechs Anlegertypen, die drei Haupttypen zugeordnet werden können.

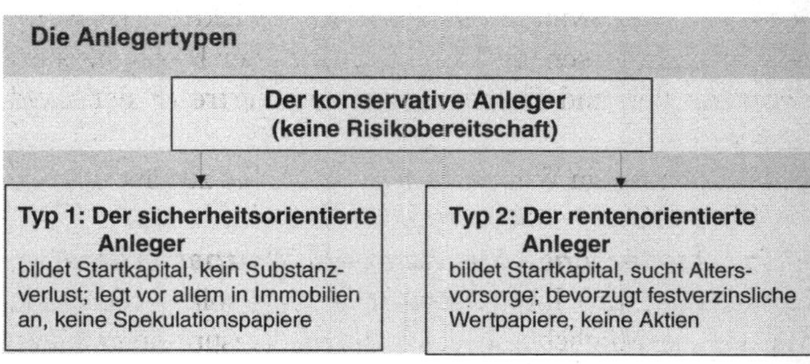

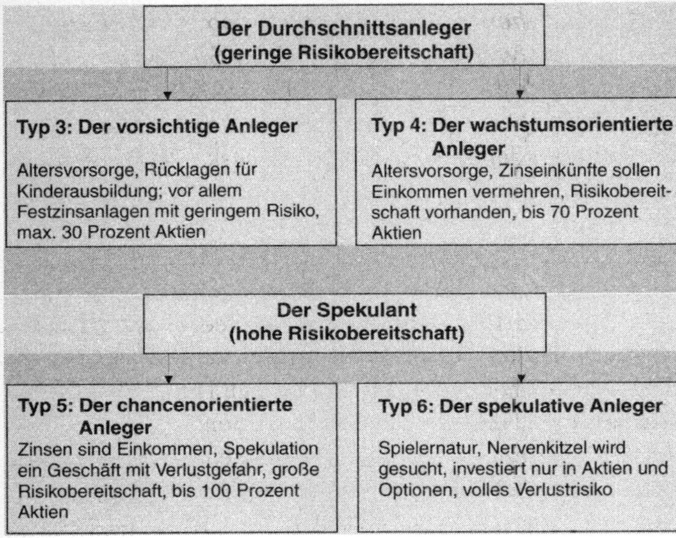

Aus der Übersicht können Sie erkennen, welche Motive und Ziele Anleger mit sich bringen. Dabei begnügen sich die auf Sicherheit und Altersvorsorge bedachten Anleger im Vergleich zu den Spekulanten bewußt mit einer niedrigeren Rendite. Sie gehen in keinem Fall das höchste Risiko ein.

➡Tip 29: ***Das Mindestkapital für den direkten Aktienkauf sollte 15 000 bis 20 000 Mark betragen***

Wer kleinere Summen investieren möchte, sollte in Aktienfonds anlegen.

➡Tip 30: ***Kaufen Sie Aktien niemals auf Kredit***

Spekulieren Sie also nur mit dem Geld, das Ihnen effektiv zur Verfügung steht.

➡Tip 31: ***Gehen Sie als Börsenneuling nicht in Spezialwerte, sondern wählen Sie aus den 100 größten Standardaktien (DAX und MDAX)***

Begründung: Diese Aktien verfügen über eine sichere Liquidität, so daß Kleinanleger keine »Zufallskurse« befürchten müssen.

Aber auch bei ausreichenden finanziellen Mitteln, wenn also Verluste durchaus verschmerzt werden könnten, sind Anlagen mit hohem Risiko nicht für jeden geeignet. Denn wer wegen der Risiken seiner Anlage nachts keinen Schlaf mehr findet, sollte lieber die Finger von solchen Dingen lassen, bei denen eventuell erhebliche Verluste drohen.
Tests haben gezeigt, daß sich die meisten Anleger für viel risikobereiter halten, als dies dann tatsächlich zutrifft. Der Grund dafür ist die Aussicht auf höhere Renditen, für die mancher – der Logik folgend – dann gern das höhere Risiko hinzunehmen bereit wäre. Im Alltag aber führt dies dann häufig dazu, daß der Anleger mit dem gewählten Engagement sehr unglücklich ist.

➡Tip 32: ***Lassen Sie nicht nur Ihren Kopf entscheiden***

Die Entscheidung für höhere Renditen und größeres Risiko wird meistens mit dem Kopf getroffen. Für die Frage, mit welcher Anlage man sich wohl fühlt, ist aber vor allem das Bauchgefühl ausschlaggebend.

Hauptkriterium dafür, welches Risiko man eingehen sollte, ist aber vor allem natürlich die finanzielle Situation. Je besser die wirtschaftliche Lage, desto größer darf das Risiko sein. Auch hier gibt es einige Grundregeln, die im Aktiengeschäft unbedingt beachtet werden müssen.

➡Tip 33: *Keine Spekulationen mit geliehenem Geld von der Bank*

Egal, wie Sie sich das Geld von der Bank beschaffen, ob per Ratenkredit oder durch Kontoüberziehung, Sie werden mit etwa zehn Prozent Zinsen als Kosten rechnen müssen. Die Rendite von Aktien liegt jedoch langfristig unter diesem Zinssatz. Also müssen Sie für den Kredit mehr bezahlen, als Sie auf der anderen Seite durch Ihre Spekulation gewinnen. Und auch in Zeiten hoher Kursgewinne ist von einem Spekulieren auf Kredit abzuraten. Denn niemand weiß, wie lange der Höhenflug anhalten wird. Gehen die Kurse plötzlich in den Keller, können Sie nicht in aller Ruhe auf steigende Kurse warten, schließlich will die Bank ihr Geld in aller Regelmäßigkeit zurückhaben.

➡Tip 34: *Das Aktiendepot als Sicherheit*

Es kann allerdings sinnvoll sein, ein bereits vorhandenes Aktiendepot als Sicherheit für Neuanschaffungen (keine neue Spekulation!) zu verwenden. Wer also zum Beispiel eine Immobilie oder ein Auto kaufen möchte, könnte dazu seine Aktien oder seine Investmentfondsanteile beleihen. Der Zinssatz liegt im Schnitt um einen Prozentpunkt unter dem für Hypothekendarlehen, Sie sparen also Geld. Grund: Für die Bank ist diese Sicherheit im Notfall schneller zu verwerten als beispielsweise eine Immobilie.

Nachdem Risikobereitschaft und -möglichkeit des Anlegers geprüft wurde, kann über die Aktienwünsche gesprochen werden.

Für die Auftragsbearbeitung hält jedes Kreditinstitut Vordrucke bereit. Mit deren Hilfe werden alle Daten aufgenommen, die die Bank von Ihnen für den Aktienkauf wissen muß: der Name der Aktiengesellschaft, dessen Aktien Sie erwerben wollen, wieviel Aktien Sie kaufen möchten und die Kennummer der Wertpapiere. Als Kunde können Sie selber bestimmen, an welchem Börsenplatz die Aktien gekauft werden sollen und ob der Auftrag börslich oder außerbörslich auszuführen ist. Wenn Sie dazu keine Angaben machen, ist Ihre Bank verpflichtet, alle möglichen Kosten abzuwägen und den für Sie günstigsten Börsenplatz auszusuchen. Das Geschäft muß dann über die von Ihnen oder der Bank gewählte Börse abgewickelt werden.

➡Tip 35: ***Setzen Sie bei der Order feste Preisgrenzen***

Für den Ein- oder Ausstieg an der Börse sollten Sie bereits bei der Auftragserteilung Kursgrenzen markieren. Diese Limits werden bei der Ordererteilung schriftlich festgehalten.

Der Aktionär hat die Wahl zwischen verschiedenen Kurslimits bei Kauf- und Verkaufsaufträgen:

Kauflimit. Mit einem Kauflimit umgeht der Anleger das Risiko, daß er Aktien zu einem überhöhten Einstiegskurs erwirbt. Zusammen mit seiner Order gibt er eine Kursgrenze vor. Das Resultat: es wird erst dann gekauft, wenn der Börsenkurs unter diesem Limit liegt.

Verkaufslimit. Kommt es zu (vorübergehenden) Kurseinbrüchen an der Börse, besteht die Gefahr, daß der Aktionär seine Papiere viel zu billig verkauft. Setzt er jedoch mit der Auftragserteilung ein Verkaufslimit, dann wird nur verkauft, wenn der Kurs über dem Limit liegt.

Stop-loss-Marken. Mit der Order setzt der Anleger zugleich eine Kursuntergrenze, eine Stop-loss-Marke. Das heißt, er erteilt den Auftrag, die Aktie sofort zu verkaufen, wenn der Börsenkurs so weit fällt, daß die Stop-loss-Marke erreicht oder unterschritten wird. Die Bank verkauft in dem Fall zum bestmöglichen Verkaufskurs an diesem Börsentag.

➡Tip 36: ***Sichern Sie sich vor Kursverlusten***
Gegen hohe Kursverluste können Sie sich mit der Stopp-loss-Marke absichern. ——

Stop-buy-Order. Dieses Limit setzt der Anleger, wenn er an plötzlichen Kurssteigerungen teilnehmen will. Mit der Stop-buy-Order erteilt er seiner Bank den Auftrag, die ausgewählte Aktie bei Erreichen des Stop-Kurses zu kaufen. Die Bank kauft in dem Fall zum bestmöglichen (günstigsten) Kurs an diesem Börsentag.

➡Tip 37: ***Limits kosten Gebühren und werden ungültig***
Viele Kreditinstitute verlangen Gebühren für die Annahme von Limit-Order. Erkundigen Sie sich danach, bevor Sie einen entsprechenden Auftrag erteilen. Bedenken Sie außerdem, daß Limits befristet sind. Der Auftrag ist nur für die von Ihnen vorher festgelegte Laufzeit gültig. ——

Die Laufzeit von Aktien ist nicht begrenzt, der Aktionär kann also allein entscheiden, wie lange er seine Papiere halten möchte. Nur der Konkurs der Gesellschaft kann das Engagement des Aktionärs von außen beenden.

➡Tip 38: ***Streuen Sie das Risiko***
Bauen Sie das Depot mit Papieren aus unterschiedlichen Branchen, dann sind Sie gegen Verluste viel besser abgesichert. ——

➡Tip 39: ***Meiden Sie dividendenlose Aktien***
Denn diese sind erfahrungsgemäß spekulativer als Papiere mit Ausschüttung. ——

➡Tip 40: ***Besser amtlicher Handel als Telefonverkehr***
Spekulieren Sie mit Aktien aus dem sogenannten amtlichen Handel. Sie unterliegen strengeren Anforderungen und werden durch das Bundesaufsichtsamt für den Wertpapierhandel und von der Börsenaufsicht vor Ort überwacht – im Gegensatz zu den Aktien im Telefonverkehr.

Ebenso ist es ausschließlich die Entscheidung des Anlegers, welche und wie viele Aktien er kaufen möchte. Der Wertpapierberater ruft die Bestellung per Computer auf und gibt den Auftrag per Tastatur ein. Der amtliche Kursmakler sorgt dann für die Vermittlung von Käufer und Verkäufer. Er gibt den aktuellen Kurs in seinen Computer ein und vermerkt den Handel in seinem elektronischen Orderbuch. Ein persönlicher Kontakt kommt hier nur noch selten zustande, denn die meisten Geschäfte werden per PC getätigt.
Ist der Kauf abgeschlossen und der Anleger nun stolzer Aktionär, wird der Betrag vom Giro- oder Sparbuch abgebucht. Die Bestätigung des Kaufs, die anfallenden Kosten und die Bezahlung per Kontoabbuchung werden dem Aktionär per Brief mitgeteilt. Und dieser Brief ist das einzige, was er nach seinem Aktienkauf in den Händen halten kann – eine Aktie bekommt er nicht ausgehändigt.

➡Tip 41: ***Die Aktie für zu Hause kann teuer werden***
Wer sich die Aktie an die Wand hängen oder verschenken möchte, der kann sich diese zusammen mit den Dividendencoupons theoretisch auch ausliefern lassen. Dann spricht man von einem »effektiven Stück«. Soll diese Aktie dann aber später zurück ins Depot, muß der Anleger mit Kosten bis zu 30 Mark rechnen.

Ein Depot muß der künftige Aktionär gemeinsam mit der Auftragserteilung bei dem entsprechenden Kreditinstitut eröffnen. In diesem Depot werden dann die gekauften Wertpapiere verwahrt. Anders läuft es beim effektiven Stück (tatsächlich vorhandenes, gedrucktes Wertpapier). Hier können Sie jeweils gegen Vorlage eines Kupons die Dividende direkt von der Aktiengesellschaft oder von einer damit beauftragten Bank ausgezahlt bekommen. Allerdings ist das sehr aufwendig. Effektive Stücke werden deshalb kaum noch gehalten, sie sind gelegentlich noch bei festverzinslichen Wertpapieren lieferbar. In ausgehändigter Form kann man sie sich dann in den Tresor legen. Heute ist es jedoch üblich, daß man seiner Bank die Aktien zur Aufbewahrung überläßt – das nennt sich dann Girosammelverwahrung. Sie bekommen also Ihre Aktie nie persönlich in die Hand. Und auch zwischen den Banken und Börsen werden keine Lkw-Ladungen mit Wertpapieren hin und her gekarrt, sondern Kauf, Verkauf und Besitz werden wie beim Zahlungsverkehr festgehalten. Dafür richtet Ihnen die Bank ein Depotkonto (Girokonto) ein. Die Bank zahlt Ihnen dann automatisch die jeweilige Dividende aus.

➡Tip 42: ***Der Aktionär erhält als Gewinnanteil eine Dividende***

Der Aktionär hat keinen Anspruch auf eine feste Verzinsung oder eine garantierte Rückzahlung seines investierten Kapitals. Als Teilhaber des Unternehmens erhält er jedoch ein Teil des Gewinns, in Form einer Dividende.

An der deutschen Börse werden nicht nur Aktien von deutschen Unternehmen gehandelt, es gibt ebenso eine Reihe großer internationaler Unternehmen, die hier an der Börse vertreten sind. Werden ausländische Aktien an der deutschen Börse plaziert, müssen die gleichen Zugangsvoraussetzungen

erfüllt werden wie bei einem deutschen Emittenten. Ebenso werden natürlich auch die Aktien deutscher Firmen an ausländischen Börsen gehandelt. Sie können Ihrer Bank also den Auftrag erteilen, auch solche Aktien zu kaufen. Ist das nicht an einer deutschen Börse möglich, wird Ihre Bank für Sie im Ausland aktiv. Das ist für Sie genauso einfach wie der Kauf in Deutschland – aber teurer.
Das Kreditinstitut, welches als Vermittler für Sie zuständig ist, verlangt dafür Gebühren. Diese bestehen aus Mindestgebühren, Provision sowie Spesen (Erstattung der Kosten).

➡Tip 43: ***Ein Gebührenvergleich lohnt sich***
Die Kreditinstitute bieten ihre Vermittlertätigkeiten im Aktiengeschäft zu unterschiedlichen Konditionen an. Vergleichen Sie deshalb unbedingt die jeweiligen Gebühren, und informieren Sie sich über die Preise bei den Direktbanken.

Wo gibt es die günstigsten Gebühren?

Als Anleger dürfen Sie nicht einfach selbst aufs Börsenparkett und Ihre Orders abgeben. Sie müssen einen Dienstleister beauftragen – und ihn dafür bezahlen. Dabei kostet jeder Kauf und Verkauf von Aktien Gebühren – unabhängig davon, ob die jeweilige Transaktion für Sie Gewinn oder Verlust gebracht hat.
Nach den Standardgebühren der Geldinstitute kommen auf Sie als Aktionär folgende Kosten zu:

- beim Kauf der Aktien: ein Prozent Provision vom Kurswert;
- beim Verkauf der Aktien: ein Prozent Provision vom Kurswert;
- für die Aufbewahrung der Aktien: eine Gebühr bemessen

nach dem Kurswert der Aktien oder eine Mindestgebühr je Posten oder eine jährliche Mindestgebühr, unabhängig von Kurswert und Anzahl der im Depot verwahrten Posten.

Es gibt für die Banken also eine Vielzahl von Möglichkeiten, bei Ihren Aktiengeschäften mit zu verdienen. Denn Sie müssen im Normalfall, ohne auch nur einen Pfennig mit der Aktie verdient zu haben, zwei Prozent des Aktienwertes zuzüglich der stark unterschiedlichen Gebühren für die Aufbewahrung auf dem Depotkonto bezahlen.
Im Klartext heißt das: Wer Anfang des Jahres Aktien kauft und sie zum Jahresultimo wieder abstößt, drückt seine Rendite im Normalfall schon mal um zwei Prozent.

➡Tip 44: ***Wer sein Depot oft umschichtet, zahlt dafür viel Geld***

Die Bank kassiert jedesmal Gebühren, wenn ein Depot umgeschichtet, auf aktuelle Trends und Prognosen umgeschwenkt wird.

Daran sollten Sie auch denken, wenn Ihr Wertpapierberater sich mal wieder telefonisch bei Ihnen meldet und irgendwelche Anregungen gibt, den einen oder anderen Tip für Sie bereithält. Ihm kann es letztlich egal sein, ob Sie gewinnen oder verlieren. Er macht sein Geschäft, wenn Sie eine Verkauf- und eine Kauforder erteilen. Sogar gleich doppelt: Denn für die Bank stellt der für Sie zusammenhängende Vorgang eines Depot-Umbaus ja immer zwei getrennte Geschäftsvorfälle dar, nämlich Verkauf und Kauf.
Angenommen, Sie bauen viermal im Jahr Ihre Anlage um. Dann kommen bei einem Aktienpaket im Wert von 10 000 Mark nur an Provisionen für Kauf und Verkauf schon 800

Mark für die Bank zusammen. Noch nicht berücksichtigt sind dabei die Depotgebühren. Sie starten in diesem Fall also schon mit einer negativen Rendite von acht Prozent ins Aktienrennen – die aber will erst mal wieder durch Gewinne eingefahren werden.

Nicht auszudenken, wenn Sie nun im Rahmen der vier Wertpapiergeschäfte nur einmal einen Kursverlust von eigentlich lächerlichen 500 Mark realisieren: Dann müssen Sie insgesamt schon zwölf Prozent Rendite einfahren, nur um zum Jahresende keinen echten Verlust zu erleiden. Einmal ganz abgesehen davon, daß die nun erforderlichen zwölf Prozent, bei denen Sie immer noch nichts verdienen, bereits deutlich über der durchschnittlichen langfristigen Aktienrendite liegen.

➡Tip 45: *Mit geringem Anlagekapital wenig umschichten*

Hektisches Kaufen und Verkaufen, die ständige Jagd nach dem schnellen Gewinn, führt einen Kleinanleger binnen kurzer Frist in die Verlustzone. Je geringer Ihr Anlagekapital ist, desto seltener sollte das Depot umgeschichtet werden.

Wegen der sich noch verschärfenden Konkurrenz sollte jeder Anleger die Gebührenstruktur seines Instituts immer wieder mit den Kosten bei anderen Geldhäusern vergleichen. Eine kostengünstige Entscheidung von heute kann morgen durch neue Konditionen bereits überholt sein. Deshalb ist es kaum möglich, eine über den Zeitraum von vier Wochen hinausgehende Empfehlung für die günstigste Bank auszusprechen.

➡Tip 46: *Gebühren bestehen nicht immer aus den gleichen Kosten*

Für die Gesamtkosten einer Order fallen unterschiedliche Kosten an. Manchmal sind Mindestsatz und Provision zu berücksichtigen, bei einigen Aufträgen wird eine Postengebühr zusätzlich zur Provision auf den Kurswert berechnet. Gebühren können jedoch auch davon abhängen, ob die Orders über eine Computer-Hotline oder per Telefon erteilt werden. Außerdem ist zu berücksichtigen, daß eine Bank mit der niedrigsten Grundgebühr nicht automatisch auch die niedrigste Provision bei einer Abrechnung nach dem Kurswert verlangt. ———

Ein ständiger Vergleich kann sich für Sie lohnen, denn einige Banken nehmen eine Mindestgebühr für das Inlandsgeschäft von 65 Mark, andere berechnen dafür gerade mal fünf Mark. Im Auslandsgeschäft ist der Unterschied noch größer, hier reicht die Spanne von fünf bis 100 Mark an Mindestgebühren. Auch bei der Provision kann sich die Suche nach der günstigsten Bank bezahlt machen, einige nehmen nur 0,05 Prozent vom Kurswert, andere kassieren 1 Prozent.
Selbst für die Aufbewahrung von Wertpapieren auf dem Depotkonto fallen stark unterschiedliche Gebühren an. Einige Institute verzichten ganz auf eine Mindestgebühr pro Posten oder einen Prozentsatz vom Kurswert. Vergleichen Sie auch hier!

➡Tip 47: *Die Gebühren richten sich nach dem Depot*

Entscheidend für die tatsächliche Gebührenbelastung ist bei der Aufbewahrung die genaue Zusammensetzung des Depots.
Nicht nur die Zahl der Posten ist zu berücksichtigen, sondern auch deren genaue Verwahrzeit auf dem Depot – denn manche Institute rechnen mit einer monatlichen Postengebühr. Gelegentlich wird aber auch ganz auf die Gebühr verzichtet, wenn z. B. Aktien der jeweiligen Bank auf einem Depotkonto desselben Instituts gelagert werden. Den Idealfall für Anleger,

daß ein Institut auf alle drei Gebühren verzichtet, gibt es leider nicht.

Niedrigere Gebühren bei Direktbanken. Für günstige Gebühren stehen Direktbanken und Discountbroker. Sie bilden inzwischen eine starke Konkurrenz gegenüber den herkömmlichen Geldinstituten. Neben dem kostengünstigen Girokonto und dem schnelleren und bequemeren Computer-Banking bieten Direktbanken im Gegensatz zu den Filialbanken auch bei Wertpapierprovisionen und Depotgebühren Preisvorteile. Direktbanken arbeiten ohne Filialnetz, das heißt, der Kunde ist hier nicht auf bestimmte Öffnungszeiten angewiesen. Bei einer Direktbank wird er per Telefon über ein Call Center, übers Internet oder Fax bedient, wobei Bankgeschäfte per Computer rund um die Uhr erledigt werden können. Dabei stellt das Online-Banking keine besonderen Ansprüche an die Technik.

➡**Tip 48:** ***Das brauchen Sie für Ihr Online-Banking***
Es genügt ein Standardgerät mit einem Pentium 166, 16 Megabyte Hauptspeicher, 2 Gigabyte Festplatte, Disketten- und CD-ROM-Laufwerk, ein einfaches Modem oder eine Modemkarte. Beim Modem ist es wichtig, daß es nicht zu langsam ist (je schneller, um so niedriger Ihre Telefongebühren), 33 600 bit pro Sekunde sollte es haben, 56 000 sind natürlich noch besser. Außerdem benötigen Sie einen Zugang zum Datennetz T-Online, wobei viele Banken auch Internet-Zugänge akzeptieren. Für das Surfen im Internet brauchen Sie von allen Zutaten (besonders Festplatte und Hauptspeicher) allerdings noch etwas mehr. Wer seine Kontoauszüge ausdrucken und abheften möchte, sollte natürlich auch einen Drucker besitzen.

Ein Nachteil des Handels mit Direktbanken gegenüber Wertpapiergeschäften mit Geschäftsbanken und Sparkassen sind die fehlenden Beratungsleistungen. Denn die finden entweder gar nicht oder nur gegen einen Gebührenaufschlag statt. Wer als Kunde also stets eine umfassende Beratung wünscht, ist bei seiner herkömmlichen Hausbank besser aufgehoben. Wer sich zutraut, Entscheidungen alleine zu treffen, und auf Filiale und Beratungen nicht angewiesen ist, sie auch in der Vergangenheit bei seiner Hausbank nicht vermißt hat, sollte sich die Konditionen der Direktbanken einmal näher anschauen. Ein kleiner Gebührentest, dessen Ergebnis in den beiden Tabellen dargestellt ist, soll Ihnen einen Vergleich ermöglichen. Fazit vorweg: Mit Direktbanken läßt sich Geld sparen, doch auch hier lohnt sich jeder Gebührenvergleich. Denn auch innerhalb der Direktbanken gibt es erhebliche Unterschiede. In der ersten Tabelle werden die Kosten für ein Musterdepot bei sieben verschiedenen Direktbanken berechnet. Zum Vergleich haben wir auch die Depotkosten einer Geschäftsbank aufgenommen.

Depotkosten bei Direktbanken

Das Musterdepot beinhaltet insgesamt 30 000 Mark: 10 000 Mark für Aktien, 10 000 Mark für Rentenpapiere, 10 000 Mark für Aktienfonds. Einige Direktbanken nehmen Mindestgebühren pro Depot und/oder pro Posten. Diese zusätzlichen Kosten sind in den jeweiligen Musterdepots enthalten. (Stand der Berechnung: Mai 1998)

Geldinstitut	Telefon	Internet (http://)	Kosten für das Musterdepot (pro Jahr in Mark)
Allgemeine Deutsche Direktbank	0180/3332333	www.direktbank.de	34,50 DM
Advance Bank	0180/3330000	www.advance-bank.de	79,00 DM (Pauschalgebühr pro Depot)

Geldinstitut	Telefon	Internet (http://)	Kosten für das Musterdepot (pro Jahr in Mark)
Bank 24	0180/3240000	www.bank24.de	22,50 DM
Comdirect Bank	0180/34445	www.comdirect.de	23,00 DM (Mindestgebühr pro Depot)
ConSors	0180/3252510	www.consors.de	28,75 DM (Mindestgebühr pro Depot)
Direkt Anlage Bank	0180/2254500	www.diraba.de	42,60 DM (Grundgebühr + Portokosten) Alle Dax-Aktien, Fonds des Fonds 100 und deutsche Rentenpapiere sind gebührenfrei
Quelle Bank	0130/2030	www.quelle-bank.de	34,50 DM (11,50 DM Mindestgebühr pro Posten)

Gebührenvergleich Aktienkauf/-verkauf

In der zweiten Tabelle finden Sie im Vergleich die Gebühren von den sieben Direktbanken, die anfallen, wenn für 10 000 DM Aktien gekauft werden.

Geldinstitut	Grundgebühr beim Kauf/Verkauf von Aktien	Diese Kosten fallen an beim Kauf von Aktien für 10 000 Mark und auch beim Verkauf von Aktien für 10 000
Commerzbank AG	keine	1% (=100,– DM)
Allg. Deutsche Direktbank	keine	0,5% (=50,– DM)
Advance Bank	keine	0,5% (=50,– DM)
Bank 24	inländ.: 20,– DM ausländ. 50,– DM	telefonischer Kauf: 0,42% (=42,– DM) elektronischer Kauf: 0,294% (=29,40 DM)
Comdirekt Bank	keine	0,49% (=49,– DM)

Geldinstitut	Grundgebühr beim Kauf/Verkauf von Aktien	Diese Kosten fallen an beim Kauf von Aktien für 10 000 Mark und auch beim Verkauf von Aktien für 10 000
ConSors	keine	Bestellung per Telefon: 34,– DM Internet: 30,– DM Fax: 55,– DM
Direkt Anlage Bank	Bestellung per Telefon: 19,– DM Online (Internet, AOL, T-Online): 9,– DM	telefonischer Kauf: 0,425% (42,50 DM) elektronischer Kauf: 0,2125% (21,25 DM)
Quelle Bank	keine	0,49% (49,– DM)

Wer seine Bank- und/oder Aktiengeschäfte über eine Direktbank führen möchte, sollte einige Regeln beachten.

Checkliste zu Direktbanken und Discountbrokern

Bei einem Discountbroker erhält der Anleger keine Beratung. Somit sind Discountbroker in erster Linie für erfahrenere Fondsanleger interessant, die sich bei mehreren Fondsgesellschaften bedienen und Gebühren sparen wollen.
Die Auswahlkriterien für Investmentfonds sollten Rendite und Fondsqualität sein. Die Frage nach dem Rabatt auf den Ausgabeaufschlag ist zweitrangig und sollte die grundsätzliche Entscheidung über den Kauf nicht beeinflussen.
Der Discountbroker rechnet jede Umschichtung – auch innerhalb einer Fondsfamilie – als neuen Kauf ab. Entsprechend summieren sich dann die Ausgabeaufschläge. Wenn Sie also häufig umschichten, sind Sie bei vielen Fondsgesellschaften günstiger aufgehoben.
Nicht alle Fonds gewährleisten Rabatte. In diesen Fällen bringt auch der Kauf über einen Discountbroker für den Anleger keine Preisvorteile.
Verhandeln Sie mit Ihrer Bank über den Ausgabeaufschlag. Besonders diejenigen Kunden, die über ein großes Depot oder höhere Anlagesummen verfügen, haben eine gute Verhandlungsbasis.
Bedenken Sie, daß die Direktbanken bei Fonds Depotgebühren berechnen. Diesen Service bieten dagegen viele Fondsgesellschaften kostenlos an.

Die Rechte des Aktionärs

Als Aktionär sind Sie Miteigentümer des Unternehmens und damit am Gewinn und Verlust der AG beteiligt. Allerdings nur in der Höhe Ihrer Beteiligung und die hängt ab vom Nennwert der Aktie: das ist der auf der Aktie aufgedruckte Geldbetrag. Für die Schulden des Unternehmens müssen Sie als Aktionär allerdings nicht haften, die Verantwortung tragen ausschließlich Vorstand und Aufsichtsrat. Sie riskieren allein Ihre Einlage. Als Miteigentümer haben Sie aber auch einige Rechte.

➡Tip 49: ***Nehmen Sie Ihre Aktionärsrechte wahr***
Der stimmberechtigte Aktionär kann an den Hauptversammlungen derjenigen Gesellschaft teilnehmen, dessen Aktien er besitzt. Der Vorstand dieses Unternehmens muß dem Anspruch des Aktionärs auf Information Genüge tun. Außerdem hat der Aktionär das Recht auf Gewinnbeteiligung und auf den Bezug junger Aktien. Bei der Auflösung der AG hat er Anspruch auf einen Anteil am Liquidationserlös.

Die Hauptversammlung

Bei der jährlich stattfindenden Hauptversammlung erhalten die Aktionäre Gelegenheit, sich durch ein in der Aktie verbrieftes Stimmrecht an wichtigen Entscheidungen der Aktiengesellschaft zu beteiligen. Dazu zählen Entscheidungen wie beispielsweise die Gewinnverwendung oder die Arbeit des Vorstandes und des Aufsichtsrats.
Wer bis spätestens zwei Wochen vor der Hauptversammlung mindestens eine Aktie des Unternehmens erworben hat, kann an der Hauptversammlung teilnehmen.

➡Tip 50: *Der Teilnahmewunsch muß extra mitgeteilt werden*

Der Aktienkauf allein berechtigt nicht zum Einlaß in die Hauptversammlung. Der Inhaber des Papiers muß seine Depotbank am besten schriftlich darüber informieren, daß er an der Hauptversammlung teilnehmen möchte. Die Bank sendet ihm dann die Einladung, eine Tagesordnung und die Stimmkarte zu.

Über den Termin der Hauptversammlung wird der Aktionär dann rechtzeitig und automatisch informiert.
Eine aktive Teilnahme ist bei keiner Hauptversammlung Bedingung. Es hängt vom Aktionär ab, ob er sich nur informieren oder unterhalten lassen möchte, ob ihn allein das Büfett reizt oder ob er aktiv dabeisein und Fragen geklärt haben will.

➡Tip 51: *Wissen, worüber gesprochen wird*

Wenn Sie *aktiv* an der Hauptversammlung teilnehmen möchten, ist es sinnvoll, vorher den ausführlichen Geschäftsbericht anzufordern und diesen sorgfältig zu studieren.

Wer nicht persönlich teilnehmen kann oder will, hat die Möglichkeit, andere Personen oder Institutionen mit der Stimmenabgabe zu beauftragen.

➡Tip 52: *Schicken Sie einen Stellvertreter zur Hauptversammlung*

Häufig wird die Depotbank, das heißt die Bank, die die Wertpapiere verwahrt, mit der Vertretung betraut. Der Aktionär muß ihr lediglich rechtzeitig vor der Hauptversammlung mitteilen, wie sie bei den einzelnen Tagesordnungspunkten für ihn abstimmen soll. Der Aktionär kann seine Rechte aber auch durch die Aktionärsschützer der DSW oder der Schutzgemeinschaft der Kleinaktionäre (SdK) vertreten lassen. Darüber hinaus besteht die Möglichkeit, einen Freund zu bevollmächtigen, stellvertretend für den Aktionär an der Hauptversammlung teilzunehmen.

Über die Termine und Inhalte der Hauptversammlungen können Anleger sich auch im Internet informieren.

➡Tip 53: ***Hauptversammlungs-Infos im Internet***

Unter http://www.hauptversammlung.de finden Sie Wissenswertes zu den meisten anstehenden Hauptversammlungen.

➡Tip 54: ***Fahrtkosten bei der Steuer angeben***

An- und Abreisekosten zur Hauptversammlung können als Werbungskosten von der Steuer abgesetzt werden.

Finanznachrichten – Infos für jeden Aktionär

Das Geschehen auf den Finanzmärkten ist nicht allein Sache der Experten, denn Vorgänge wie die Anlage der Ersparnisse, die Kreditaufnahme oder der Tausch in fremde Währungen für den Urlaub betreffen so gut wie jeden. Aber vor allem der Aktionär muß informiert sein und sich immer aktuell eine Meinung zu dem Finanzmarktgeschehen bilden können. Dafür werden Informationen benötigt, z. B. über

- die aktuellen Börsenkurse,
- die Rendite- und Risikoaussichten,
- die Bonität der jeweiligen Unternehmen,
- die wirtschaftlichen Trends,
- die Entwicklung des Geldmarktes und der Zinsen.

Diese Informationen stecken in den Finanznachrichten, mit denen wir Tag für Tag über alle möglichen Medien versorgt werden. Dazu gehört inzwischen auch das Internet.

➡Tip 55: ***Täglich die Finanznachrichten studieren***

Zur Pflichtlektüre sollte vor allem der Börsen- oder Wirtschaftsteil einer Tageszeitung werden. Je nachdem, wie intensiv Sie sich mit dem Wirtschafts- und Börsengeschehen vertraut machen wollen, sind eventuell auch speziellere Publikationen empfehlenswert.

Eine sehr gute Informationsquelle ist zum Beispiel das *Handelsblatt*, schon allein aufgrund seiner besonders umfangreichen Kursübersicht.

Wer aber als Börseneinsteiger die Finanznachrichten studieren will und dazu die entsprechenden Seiten einer Wirtschafts- und Finanzzeitung aufschlägt, ist häufig zunächst verwirrt. Denn die Meldungen und Tabellen sind mit vielen Abkürzungen versehen, die zwar in einer Legende entschlüsselt, aber normalerweise nicht erklärt werden. Abgekürzt erscheinen hier die sogenannten Kurszusätze.

➨ **Tip 56:** ***Kurszusätze – wichtige Infos für den Aktionär***

Kurszusätze sind für den Aktionär sehr hilfreich, denn sie liefern zusätzlich zum jeweiligen Kurs Wissenswertes über den Aktienwert. So informieren Kurszusätze beispielsweise über die Höhe von Angebot und Nachfrage zum Zeitpunkt der Kursfeststellung.

Angebot und Nachfrage sind beispielsweise beim Zustandekommen des Kurses nicht immer ausgeglichen, es kann auf der einen oder anderen Seite einen Überhang geben. Kurszusätze geben aber auch einen Überblick darüber, ob Kapitalmaßnahmen oder Dividendenausschüttungen zu Kursrückgängen geführt haben.

Abkürzungen in der Börsensprache und was sich dahinter verbirgt	
G	**Geld**: Zum angegebenen Kurs lagen nur Nachfragen, dagegen keine Angebote vor.
B	**Brief**: Den Angeboten standen zu diesem Kurs keine Nachfragen gegenüber.
bG, bzG, bezG	**bezahlt Geld**: Die Nachfrage konnte zum angegebenen Kurs nicht vollständig befriedigt werden.
bB, bzB, bezB	**bezahlt Brief**: Zum angegebenen Kurs bestand ein Überhang an Angeboten, so daß die Kaufaufträge vollständig erfüllt werden konnten, die Verkaufsaufträge jedoch überwogen.
Div, Div-Sch	**Dividende** (wenn bereits gezahlt) oder **Dividenden-Schätzung**
ebB, etw. bzB, etw. bB, etwas bB, etw. bezB	**etwas bezahlt Brief**: Das Angebot überstieg erheblich die Nachfrage, so daß nur wenige Verkaufsaufträge erfüllt werden konnten.

ebG, etw. bzG, etw. bG, etwas bG, etw. bezG	**etwas bezahlt Geld**: Kaufaufträge konnten nur zu einem geringen Teil abgewickelt werden.
ex D, ex Div.	**ohne Dividende**: Unmittelbar nach Zahlung der Dividende angegebener Kurs. Dieser ist normalerweise niedriger.
ex B, ex BR	**ohne Bezugsrecht**: Erste Notierung der alten Aktien ohne Berücksichtigung des Bezugsrechts der neuen Wertpapiere. Der Kurs fällt also niedriger aus.
ex BA	**ohne Berichtigungsaktien**: Nach der Aktienkapitalberichtigung einer Gesellschaft die erste Notierung.
ex SP	**nach Splitting**: Die erste Notierung nach Einstellung des Kurses auf den neuen geteilten Aktienbestand. Kann unter Umständen für Anleger in US-amerikanischen Aktien wichtig werden.
H/T	**Höchst-/Tiefststand**: Wird mit Hinweis auf Zeitraum angegeben, für den die Höchst- bzw. Tiefststände angegeben sind, üblich ist der Zeitraum von 52 Wochen oder seit Jahresbeginn oder für den jeweiligen Börsentag. Dann Achtung: Oft wird bei Tagesangaben nicht der gesamte Kurs abgedruckt, sondern aus Platzgründen nur die jeweils letzten Stellen.
k. A.	**keine Angabe**: Findet sich vor allem bei den Schätzungen für die jeweiligen Dividenden oder Ergebnisse, wenn das Unternehmen hierzu keine Daten zur Verfügung stellt.
KGV	**Kurs-Gewinn-Verhältnis**: Gibt an, ob der Kaufpreis einer Aktie im Verhältnis zu Dividendenzahlungen billig (niedriges KGV, kaufen) oder teuer ist.
(5), (100)	**Nennwert der Aktie**: Normalerweise lauten die Aktien auf einen Nennwert von 50 DM, Abweichungen hiervon werden z. T. in Klammern genannt.
(E), (S)	**Eröffnung, Schluß**: Läßt erkennen, wie sich der Kurs im Verlauf des Börsentages veränderte, z. B. ob er zum Ende anzog oder abbröckelte – wichtig, wenn am jeweiligen Tag während der Börsenzeit kursrelevante Mitteilungen gemacht wurden.
NA	**Namensaktie**: Eine auf den Namen des Inhabers ausgestellte Aktie. Nur die namentlich genannten Aktien können ihre Rechte geltend machen.

*, **	Siehe jeweilige Legende zum Kursteil, oft wird mit Sternchen auf einen vom Standard (50 Mark) abweichenden Nennwert hingewiesen, z. B. mit einem * auf fünf DM, mit ** auf 100 DM.
–	**gestrichen**: Wegen des Fehlens von Angebot und Nachfrage war es nicht möglich, einen Kurs festzustellen.
–G	**gestrichen Geld**: Es gab zwar Kaufaufträge zum niedrigst möglichen Preis (Billigst-Kauforders), aber kein Angebot. Ein Kurs konnte nicht festgestellt werden.
–B	**gestrichen Brief**: Es bestand Angebot zum höchst möglichen Preis (Bestens-Verkaufsorders), jedoch keine Nachfrage. Ein Kurs konnte nicht festgestellt werden.
–GT	**gestrichen Geld/Taxe**: Da der Preis nachfrageseitig nur geschätzt werden konnte, war keine Feststellung des Kurses möglich.
–BT	**gestrichen Brief/Taxe**: Da der Preis angebotsseitig geschätzt worden ist, konnte kein Kurs ermittelt werden.
r, rep., rat.	**repartiert bzw. rationiert**: Kauf- oder Verkaufsaufträge werden nicht vollständig bedient, sondern nur anteilig unter Zugrundelegung eines Ausgleichskurses.
s, S	**Schätzung**, manchmal auch **Schlußkurs**
StA	**Stammaktie**: Die allgemein übliche Form der Aktie, sie garantiert dem Inhaber ein Stimmrecht und den Anspruch auf Dividende.
T	**Taxkurs**: Der Kurs konnte nicht bestimmt, sondern nur geschätzt werden, weil die Aktie nicht gehandelt wurde.
vin NA	**vinkulierte Namensaktie**: Sonderform der Namensaktie. Ein Eigentümerwechsel bedarf hier der Zustimmung der Aktiengesellschaft.
WPKN	**Wertpapier-Kennummer**: Erleichtert das schnellere Auffinden der jeweiligen Kurse bei computergestützten Anzeigen.

Neben diesen Abkürzungen verwenden einige Wirtschaftsredaktionen aber auch noch eigene Begriffe oder geben zu bestimmten Werten zusätzliche Informationen und Hinweise.

➡Tip 57: ***Finanznachrichten verstehen lernen***

Lassen Sie sich für das Verstehen der Finanznachrichten etwas Zeit. Gewöhnen Sie sich daran, daß Sie am Anfang noch häufig Begriffe nachschlagen müssen. Das ändert sich jedoch schnell, wenn Sie täglich Finanznachrichten lesen und analysieren. So wird das Finanzvokabular wie selbstverständlich in Ihren Wortschatz übergehen. ——

Neben den Printmedien gibt es natürlich auch noch weitere Informationsquellen. So produzieren Fernsehsender wie *ntv* spezielle Sendungen, in denen über neue Trends und Tendenzen der internationalen Aktienmärkte berichtet wird. Experten stellen Anlagestrategien vor und analysieren Aktienwerte und Unternehmen.

➡Tip 58: ***Spekulieren Sie nie unter Zeitdruck***

Legen Sie sich mit Ihrer Spekulation nicht auf einen bestimmten Zeitrahmen fest. Gehen Sie die Anlage in Aktien langfristig (mindestens fünf Jahre) an. Machen Sie sich nicht abhängig von einem schnellen Erfolg und dem Verkaufsdruck zu einem festgelegten Zeitpunkt. ——

➡Tip 59: ***Lassen Sie sich nicht von Panikverkäufen anstecken***

Beobachten Sie die wirtschaftliche Entwicklung der Unternehmen, von denen Sie Aktien erworben haben. Verkaufen Sie wirklich nur dann, wenn deren betrieblicher Erfolg gefährdet scheint. Sind die Unternehmen hingegen stabil, dann warten Sie die Zeit ab und verkaufen Sie nicht. ——

➡Tip 60: ***Beobachten Sie das aktuelle Wirtschafts- und Börsengeschehen***

Machen Sie sich selbst ein Bild davon. Marktanalysen und Trends gibt es täglich in verschiedenen Fernsehsendern (z. B.

ntv, Pro7) und Tageszeitungen (z. B. Handelsblatt), wöchentlich bzw. monatlich in mehreren Fachzeitschriften.

Internet-Adressen

Ein breitgefächertes Angebot an Börseninformationen gibt es im Internet. Hier berichten zahlreiche Banken, Agenturen, Wirtschaftsdienste und Wirtschaftszeitungen über das Börsengeschehen. Der preisgünstigste Weg: Die Internet-Homepage des Deutschen Aktieninstituts (DAI) in Frankfurt/Main (http://www.dai.de). Kostenlos bietet das DAI einen direkten Zugang zu den Ad-hoc-Meldungen der Vereinigten Wirtschaftsdienste. Des weiteren erhalten Sie Informationen unter folgenden Internet-Adressen:

http://www.clickit.com/cgi-bin/rbox/chat.cgi
http://www.bloomberg.com/markets/currency/currcalc.cgi
http://www.element-5.de/boerse
http://www.economist.com/tfs/screensaver_tframeset.html
http://www.excite.de/directory/wirtschaft.html
http://www.fnet.de/
http://www.hoovers.com/
http://kiwiclub.bus.utexas.edu/kiwiclub.html
http://www.audionet.com/business/nasdaq/
http://www.internetbroadcast.com/amex/
http://quote.yahoo.com/

Einige von ihnen bringen brandaktuelle Tips – andere haben das Börsengeschehen vom Vortag verarbeitet. Dabei kann jedoch der Zeitfaktor eine wichtige Rolle spielen.

➡Tip 61: ***Die Zeit kann entscheidend sein***

Zeitverluste von nur einem Tag, mit denen Sie auf neue Informationen reagieren, können sich schon nachteilig auswirken. Auch ein Privatanleger sollte sich deshalb immer um Informationen aus erster Hand bemühen.

Eine Hauptquelle für alle Informationen sind die Vereinigten Wirtschaftsdienste (VWD) in Eschborn, praktisch eine Art Presseagentur für Börseninformationen. Was dort heute verbreitet wird, können Sie morgen oder nächsten Monat in der Tageszeitung oder einer Finanz-Illustrierten lesen.
Doch die Zeit ist nicht allein entscheidend für den Börsenerfolg. Es braucht auch immer ein bißchen Gespür und manchmal eine Portion Glück. Und das kann man auch haben, wenn man die Finanznachrichten erst einen Tag später studiert.

Die Börsenstimmung verstehen

Von Hausse bis Baisse und fest bis schwach
Für die Beschreibung von Kursbewegungen gibt es Begriffe, die jeder Aktionär kennen sollte. Zwischen »absolut hervorragend« ⇑⇑⇑⇑⇑⇑⇑⇑) und »katastrophal schlecht« (⇓⇓⇓⇓⇓⇓⇓⇓) gibt es zahlreiche Abstufungen.

Kurstrend	Trendbeschreibung
⇑⇑⇑⇑⇑⇑⇑⇑	Hausse
⇑⇑⇑⇑⇑⇑⇑	sehr fest
⇑⇑⇑⇑⇑⇑	fest
⇑⇑⇑⇑⇑	freundlich
⇑⇑⇑⇑	gut behauptet
⇑⇑⇑	behauptet
⇑⇑	widerstandsfähig
⇑	knapp behauptet
⇐⇒	uneinheitlich
⇐⇒	ruhig

Kurstrend	Trendbeschreibung
⇐ ⇒	abwartend
⇐ ⇒	lustlos
⇓	nachgebend
⇓⇓	gedrückt
⇓⇓⇓	schwächer
⇓⇓⇓⇓	schwach
⇓⇓⇓⇓⇓	Einbußen
⇓⇓⇓⇓⇓⇓	starke Verluste
⇓⇓⇓⇓⇓⇓⇓	Baisse
⇓⇓⇓⇓⇓⇓⇓⇓	Crash

Neben der Trendbeschreibung und den Tabellen mit den zahlreichen Abkürzungen finden Sie in vielen Wirtschaftspublikationen positive sowie negative Berichte über Unternehmensentwicklungen. Außerdem werden dort oft auch Prognosen abgegeben zu den Chancen einzelner Aktien. Nun wäre es ganz leicht, auf solche Prognosen zu setzen und seine Kauf- oder Verkaufsabsichten danach zu richten. Davon aber möchten wir Ihnen dringend abraten.

➡Tip 62: *Informationen immer aus mehreren Quellen beziehen*

Übernehmen Sie niemals eine Ihnen vorgezeichnete Beurteilung, sondern bilden Sie sich selber eine Meinung. Dazu benötigen Sie Informationen aus mindestens zwei bis drei verschiedenen Quellen.

Informieren Sie sich nur einseitig, besteht immer die Gefahr, daß Ihnen jemand höchst eigennützige Tips gibt – weil er selbst gut daran verdient. Ein »Berater«, der gestern selbst Aktien von der Firma XY geholt hat und dieses Papier heute als Tip präsentiert, kann morgen mit Sicherheit einen hohen Kursgewinn verbuchen – der vielleicht nur auf seiner Empfehlung und der dadurch ausgelösten Nachfrage beruht.

Chancen nutzen und Risiken senken

Wann ein Börsenkurs bis wohin steigt, wann er fällt, das können auch die bestbezahlten Experten nie mit Sicherheit vorhersagen. Denn es ist zwar bekannt, welche Faktoren sich auf Kurse auswirken – aber ob sie es wirklich und in welcher Stärke tun, läßt sich im voraus kaum abschätzen. Doch viele Anleger haben ihre kleinen Börsenweisheiten, verfolgen ihre Strategien, um ihre Chancen auszuschöpfen und die Risiken zu begrenzen. In diesem Kapitel werden Sie in die Geheimnisse des Börsengeschehens eingeweiht, werden Ihnen Anlagestrategien verraten und die Vor- und Nachteile von Optionsscheinen und Aktienfonds beleuchtet sowie die neuen Fonds vorgestellt.

Insidertips zum Börsengeschehen

Über den Aktienkurs eines einzelnen Unternehmens entscheidet in erster Linie die aktuelle Ertragslage der Gesellschaft. Die wird zum einen bestimmt durch die jeweilige Auftragslage. Wer heute schon im Gespür hat, daß ein bestimmtes Unternehmen morgen einen Großauftrag an Land ziehen kann, darf sicher mit steigenden Aktienkursen rechnen.

Die Ertragslage wird aber – nicht nur für ein einzelnes Unternehmen, sondern meist für ganze Branchen – ebenfalls wesentlich bestimmt durch Auseinandersetzungen zwischen Tarifpartnern, die zu einer verbesserten oder schlechteren Kostensituation bei den jeweils betroffenen Unternehmen führen können.

Nicht mehr nur auf einzelne Branchen, sondern auf den gesamten Aktienmarkt wirken sich internationale Streitigkeiten (wie z. B. der Golfkrieg) aus, denn je nach Art der Auseinandersetzungen und den Beteiligten können solche Auseinandersetzungen z. B. zu Rohstoffverknappungen führen. Die Folge wären veränderte Ertragssituationen für eine Vielzahl von Branchen.

Ebenfalls auf den Gesamtmarkt wirken sich weitere Faktoren aus, vor allem

- politische Entscheidungen, die z. B. neue Steuerbelastungen für Unternehmen vorsehen;
- das Konsumklima in der Bevölkerung, von dem eine Vielzahl Unternehmen (z. B. Kaufhäuser, Fahrzeug-, Möbelhersteller usw.) abhängig sind, zumal bei schlechtem Konsumklima meist geldpolitische Maßnahmen ergriffen werden: dies bringt dann meist
- Veränderungen bei den Geldmarktkonditionen, also sinkende Zinsen zur Konsumbelebung oder steigende Zinsen zur Inflationseindämmung.

Das alles kann nun die Kurse beeinflussen – aber warum steigt oder fällt ein einzelner Wert überhaupt und wie lange steigt oder fällt er? Der Grund ist leicht erklärt. Es gibt an der Börse praktisch nie ein ausgeglichenes Verhältnis zwischen dem Angebot an Aktien und der Nachfrage.

Der Kurs einer Aktie steigt deshalb so lange an, bis bei den bisherigen Aktienbesitzern eine Abgabebereitschaft einsetzt. Dann wollen sie Kasse machen und verkaufen. Gleichzeitig löst diese Kurssteigerung aber eventuell weitere Nachfrage aus – ein Trend ist geboren. Andere Kaufwillige setzen auf diesen Trend, wollen ebenfalls kaufen, heizen diese Spirale weiter an. Und ebenso fallen Börsenkurse nach unten. Anleger wollen – aus welchen Gründen auch immer – verkaufen, der Kurs sinkt so lange, bis sich ein Käufer findet. Für den aufmerksamen Börsenbeobachter und Anleger sind deshalb Angaben zur Angebots- und Nachfragesituation wie »Geld« bzw. »bezahlt Geld« oder »Brief« bzw. »bezahlt Brief« (→ S. 59) wichtige Hinweise zur jeweiligen Nachfragesituation.

Und manchmal ist es nur komisch, woraus Börsianer noch auf Kursveränderungen schließen wollen. So stellen sie steigende oder fallende Kurse ins Verhältnis zu Ereignissen oder Beobachtungen, die gar nichts mit der Wirtschaft zu tun haben. Aus der Rocklänge zum Beispiel wollen manche Aktienhändler ablesen können, ob der Kurstrend nach oben oder unten geht – nur ist bisher umstritten, ob lange oder kurze Röcke besser für die Aktionäre sind.

Das Fachmagazin *Finanzen* hat noch einige weitere ähnliche kuriose Indikatoren zusammengestellt:

Der Neujahrsindikator folgt der Regel, daß sich die Kurse das ganze Jahr über in dieselbe Richtung bewegen wie der Trend im Januar. Klingt weit hergeholt – in 44 Jahren traf diese Prognose aber immerhin 34mal zu. Das ist für Börsianer schon eine sehr gute Trefferquote.

Der Jahreszeiten-Indikator folgt der Regel, daß immer dieselben Werte sich immer zur gleichen Jahreszeit auf oder ab bewegen. Das ist einsehbar, wenn Kaufhausaktien vor Weihnachten, Automobilaktien im Frühjahr oder Papiere von Touristikunternehmen vor der Hauptsaison in einen Aufwärtstrend kommen.

Der Football-Indikator folgt der Regel, daß sich der Börsentrend für das kommende Jahr immer aus dem Ergebnis der US-Footballmeisterschaften ablesen läßt. Ein amerikanischer Börsenmakler, der diese Theorie aufgestellt hatte, konnte bei einer Beobachtung der Footballergebnisse über 28 Jahre 26 Treffer landen – auch das ist eine hervorragende Quote.

Obwohl vieles von dem, woraus Börsianer auf steigende oder fallende Kurse schließen wollen, eher an Hokuspokus erinnert, gibt es einige Gesetzmäßigkeiten, die sich bisher immer bewahrheitet haben und die auch vom privaten Kleinanleger beachtet werden sollten.

Die Marktlage beachten. Neben den Kursübersichten in den Wirtschaftsteilen gibt es eine Vielzahl weiterer Informationen, unter anderem über das Verhältnis von Gewinnern zu Verlierern. Dieses Verhältnis kann als Indikator für die künftige Entwicklung herangezogen werden. Denn es gibt Auskunft darüber, wie viele Aktien höher und wie viele niedriger als am vorherigen Börsentag bewertet wurden. Dabei werden alle Aktien berücksichtigt – im Gegensatz zum DAX, für den ja nur die 30 wichtigsten Werte herangezogen werden.

➡**Tip 63:** ***Stimmen Gewinner und Verlierer mit dem Index überein?***

Seien Sie immer dann besonders aufmerksam, wenn das Verhältnis von Verlierern zu Gewinnern einen ganz anderen Trend anzeigt als der DAX oder ein anderer Index.

Ist zum Beispiel die Zahl der Verlierer deutlich höher als die der Gewinner, obwohl der DAX einen höheren Wert als am Vortag eingenommen hat, kann dies ein erstes Anzeichen für einen drohenden Kurseinbruch auf breiter Front sein. Möglicherweise war die Börsenstimmung bei den DAX-Werten noch gut, auf breiter Front jedoch gilt das bereits vielleicht nicht mehr.
Umgekehrt kann aber auch der Fall eintreten, daß der DAX keinen klaren Trend erkennen läßt, während die Zahl der Gewinner bereits deutlich höher ist als die Zahl der Verlierer. In diesem Fall herrscht an der Börse eine von Optimismus

getragene Stimmung, die sich zwar noch nicht in den DAX-Werten widerspiegelt, die aber erstes Anzeichen für einen Kursanstieg auf breiter Front sein kann.

➡Tip 64: ***Achten Sie auf die Börsenumsätze***
Diese werden ebenfalls in vielen Wirtschaftspublikationen veröffentlicht. Die Umsatzzahlen an den Börsen lassen erkennen, ob Trends eventuell nur ein Strohfeuer sind.

Ein sehr geringer Umsatz zeigt, daß die Kurse sich nur auf relativ dünnem Eis bewegen. Der Kurstrend wird dann ausschließlich von wenigen Geschäften getragen. Andererseits aber läßt ein überdurchschnittlich hoher Umsatz darauf schließen, daß die Kurse auf sehr breiter Basis stehen. In diesem Fall wird die Börsenstimmung und der Trend also von sehr vielen Anlegern gestützt.

Die technischen Reaktionen beobachten. Als technische Reaktionen bezeichnet man alle Kursveränderungen, die mit einem gewissen Automatismus einsetzen. Typisch ist zum Beispiel, daß nach sehr starkem und schnellem Kursanstieg ein kurzer, dafür aber manchmal auch heftiger Einbruch zu verzeichnen ist: Aktien werden verkauft, damit Gewinnmitnahmen erzielt werden können. Anleger lassen sich in diesem Fall praktisch die Kurssteigerungen der letzten Zeit auszahlen. Der oft folgende schnelle Wiederaufstieg zeigt dann, daß die Verkäufer grundsätzlich noch Vertrauen in weitere Kursgewinne haben und zu den zwischenzeitlich gefallenen Kursen neu einsteigen.

➡Tip 65: ***Der zweite Kursanstieg ist ein gutes Signal***
Als deutliches Kaufsignal kann oft angesehen werden, wenn der Kurs nach steilem Anstieg und kurzem Knick nach unten erneut zu klettern beginnt.

Rechnen müssen Sie außerdem mit technischen Reaktionen auf jede Dividendenausschüttung, deshalb sollten Sie sich die Termine der Hauptversammlungen notieren, auch wenn Sie dort gar nicht hingehen wollen.

➡Tip 66: ***Notieren Sie sich den Tag der Hauptversammlung***

Die Dividende wird immer am Tag nach der Hauptversammlung gezahlt, dann setzen auch die technischen Reaktionen auf die Zahlung ein.

Zugleich wird am Zahltag die Dividende vom Kurswert der Aktie abgezogen. Darauf weist der Zusatz »ex Div« (→ S. 60) bei den Kursnotizen in der Zeitung hin. Nun wird ein großer Teil des Kursabschlags normalerweise sofort dadurch ausgeglichen, daß viele Aktionäre die Dividende erneut in Aktien desselben Unternehmens anlegen.

Andererseits lauern aber viele Anleger auch auf den von ihnen nach unten erhofften Kurssprung am Tag der Dividendenzahlung. Es kommt deshalb bei besonders gefragten Papieren häufig vor, daß durch die Nachfrage der in Lauerstellung liegenden Neuanleger und die Wiederanlage der Dividenden am Zahltag ein heftiger Kursanstieg zu beobachten ist. Dafür gibt's aber natürlich keine Garantie.

Rechnen müssen Sie vielmehr auch damit, daß besonders bei kleinen Aktiengesellschaften mit hoher Dividendenrendite Anleger nur auf den Zahltag warten und sich dann sofort von ihren Papieren trennen. In diesem Fall kann es zu sehr hohen Kursabschlägen kommen, die noch deutlich über den Abschlag der Dividende hinausgehen. Lassen Sie sich in solchen Situationen aber nicht zu Panikverkäufen verleiten, sondern nutzen Sie eventuell die Chance für einen Nachkauf und zu einer Verbilligung des Engagements.

➡Tip 67: *Verlieren Sie nie den Geschäftsverlauf der Gesellschaft aus dem Auge*

Voraussetzung für das richtige Verhalten auf technische Reaktionen ist, daß Sie sich parallel zur Beobachtung der Kurse ständig über den Geschäftsverlauf beim jeweiligen Unternehmen informieren.

Schlimme Konsequenzen hätte der Nachkauf von Aktien eines Unternehmens, dessen wirtschaftliche Situation problematisch ist.

Typische technische Reaktionen können ebenso durch computergestützte Börsenprogramme ausgelöst werden. Von ihren Analysen machen so manche Großanleger Kauf oder Verkauf abhängig.

Konjunkturelle Einflüsse beachten. Besonderes Augenmerk richten alle Börsianer auch auf Frühindikatoren, zu denen vor allem die Entwicklung der Auftragseingänge im verarbeitenden Gewerbe, in der Investitionsgüterindustrie (z. B. Maschinen- und Anlagenbau), in der Verbrauchsgüterindustrie und im Bauhauptgewerbe gehören. Entsprechende Zahlen werden monatlich vom Statistischen Bundesamt ermittelt und von fast allen Wirtschaftsredaktionen veröffentlicht. Denn der Auftragseingang von heute bestimmt bei den Unternehmen Produktion, Auslastung und die Ertragslage von morgen.

Dabei wird nach Inlands- und Auslandsnachfrage unterschieden. Unter schwacher Inlandsnachfrage (z. B. durch hohe Arbeitslosigkeit, niedrige Reallohnsteigerungen) leiden z. B. Konsumwerte (Kaufhausaktien), unter schwacher Auslandsnachfrage (z. B. wegen ungünstiger Wechselkurse) leiden die traditionellen Exportbranchen (z. B. Maschinenbau, Chemie).

➡Tip 68: *Die Aktienkurse nehmen jede konjunkturelle Veränderung vorweg*

Wer sich bei seinen Anlagen nach der Konjunktur richten will, muß dabei immer auf die Zeitverzögerung der Konjunkturentwicklung achten. Am günstigsten sind Aktien erfahrungsgemäß dann, wenn die konjunkturelle Stimmung am schlechtesten ist.

Es wäre falsch, dann Aktien zu kaufen, wenn alle Unternehmen in einer Phase der Hochkonjunktur mit hervorragenden Ergebnissen glänzen und die Wirtschaft boomt. Es kann zwar sein, daß Sie auf einen noch fahrenden Zug aufspringen – sein Ziel könnte aber schon das Abstellgleis, ein baldiger Kurseinbruch sein.
Um die richtige Stimmung zu erkennen, sollten nicht nur Zahlen zu den Auftragseingängen beachtet werden, sondern auch die Konjunkturumfragen unter Führungskräften, die in regelmäßigen Abständen von zahlreichen Wirtschaftsredaktionen veröffentlicht werden.

Anlagestrategien

Es gibt zahlreiche Anlagestrategien, der Anleger wird regelrecht überschüttet mit Ratschlägen und Vorgehensweisen, ohne die es nach Meinung der jeweiligen Berater, Kreditinstitute und Makler nicht geht. Eine richtige Anlagestrategie sollte der Anleger jedoch erst dann verfolgen, wenn er mit dem Börsengeschehen vertraut ist, sich im Aktiengeschäft auskennt. Stellvertretend für die vielen existierenden Anlagestrategien stellen wir Ihnen hier zwei Strategien vor. Sie wurden in *Finanztest* besprochen und zeigen das Know-how, das der Anleger besitzen sollte, bevor er mit solchen Strategien arbeitet.

Strategie mit dem Zinssignal. Die Zinsentwicklung schlägt immer mit einer gewissen Zeitverzögerung auf die Lage am Aktienmarkt durch. Deshalb gibt die Zinsentwicklung das Trendsignal für das Börsengeschehen, Zinsen gelten als Frühindikator. Das heißt, steigen die Zinsen, werden Anleihen gegenüber Aktien attraktiver. Außerdem wird das Kapital für die Unternehmen mit steigenden Zinsen teurer, das Konjunkturtempo verlangsamt sich zeitverzögert, und die Gewinnaussichten der Unternehmen schrumpfen. Ein weiterer möglicher Grund dafür, daß mit Kurssteigerungen nicht zu rechnen ist. Obwohl dies eine logische Kette von wirtschaftlichen Zusammenhängen ist, läßt sich darauf noch keine Anlagestrategie bauen. Die Analysten der SGZ-Bank haben allerdings eine Strategie entwickelt, dessen Grundprinzip darin besteht, am Jahresanfang zu entscheiden, wieviel Prozent des Depots in Aktien aus dem DAX und wieviel in deutsche Rentenpapiere investiert werden sollen. Die Idee dahinter ist die Umschichtung von Aktien in Renten, wenn der Ertrag am Rentenmarkt im Vorjahr unter einen bestimmten Wert sinkt. Die Entscheidung fällt zugunsten der Aktien aus, wenn der Ertrag am Anleihemarkt, gemessen am REX-Performance-Index (→ S. 96), im vergangenen Jahr mindestens fünf Prozent erzielen konnte und der Ertrag am Rentenmarkt höher als am Aktienmarkt war. Wurde jedoch nur eine der beiden Bedingungen erfüllt, wird in ein Mischportfolio mit jeweils 50 Prozent Aktien und Renten investiert. Sind beide Bedingungen nicht erfüllt, setzt man auf Anleihen.

Laut SGZ-Bank ist die Zinssignal-Methode für renditeorientierte und flexible Anleger geeignet, die Chance besteht in einem Renditeplus von mehr als drei Prozentpunkten gegenüber einer reinen Kauf- und Haltestrategie mit Aktien.

Vorzugsaktien-Strategie. Diese Strategie beruht auf dem Prinzip, Vorzugsaktien statt Stammaktien zu kaufen. Auch sie ist geeignet für renditeorientierte Aktienanleger.
Gegenüber den Stammaktionären erhalten Vorzugsaktionäre eine bestimmte Mindestdividende und häufig auch eine höhere Dividende. Die Mindestdividende wird selbst dann gezahlt, wenn die Stammaktionäre aufgrund der schlechten Ertragslage des Unternehmens leer ausgehen. Kann sie jedoch einmal vom Unternehmen nicht geleistet werden, wird sie im kommenden Jahr nachgezahlt, sobald es mit den Geschäften wieder besser läuft.
Der Nachteil von Vorzugsaktien besteht allerdings darin, daß die Vorzugsaktionäre auf ihr Stimmrecht verzichten müssen, welches ihnen normalerweise auf der Hauptversammlung zusteht. Doch hier sollte man zwischen Großinvestoren und Privatanlegern unterscheiden. Großinvestoren verzichten lieber auf die bei Vorzugsaktien höhere Dividende, aber nicht auf die Möglichkeit ihrer Einflußnahme auf die Unternehmensleitung bei der Hauptversammlung. Privatanleger dagegen haben vergleichsweise wenig Aktien und damit auch keinen großen Einfluß. Für sie ist die Vorzugsaktie eine gute Alternative, denn

- die Kursentwicklung der Vorzugsaktie ist meistens kaum schlechter als die der Stammaktie;
- die Vorzugsaktie bringt eine höhere Bardividende.

Die Anlage in Vorzugsaktien sollte mittel- bis langfristig gewählt werden.

Optionsscheine

Der Optionsschein (englisch: Warrant) ist vergleichbar mit einer Wette, die man wahlweise auf Kurssteigerungen oder -verluste abschließt. Einerseits kann er dazu dienen, z. B.

Aktiendepots gegen unerwartete Kursbewegungen abzusichern. Andererseits kann er aber, losgelöst von diesem Absicherungsgedanken, als reiner Wettschein eingesetzt werden.

➡Tip 69: *Optionsscheine sind nicht etwas nur für Profis*

Optionsscheinen eilt der Ruf voraus, daß sie für die Pokerspieler an der Börse gedacht sind. Doch ebenso kann sie der vorsichtige Anleger in Anspruch nehmen. Denn Optionsscheine können ihm dabei helfen, sich vor unerwarteten Kurseinbrüchen zu schützen.

Dabei bietet der Optionsschein folgende Möglichkeiten:

- Will sich ein Aktionär z. B. gegen fallende Kurse absichern, kann er dies durch Verkaufsoptionen tun. Ihr Wert steigt, wenn die Kurse fallen. In Erwartung fallender Kurse wird in Verkaufsoptionen (Put) investiert.
- Will der Aktionär auf steigende Kurse setzen, kann er Kaufoptionen erwerben, deren Wert dann viel schneller steigt als der eigentliche Aktienkurs. Auf steigende Kurse wird grundsätzlich mit einer Kaufoption (Call) gesetzt.

Weil im Verhältnis zum eingesetzten Kapital die Option viel stärker auf jede Kursbewegung reagiert, kann schon ein kleiner Einsatz beinahe unbegrenzte Gewinnchancen (oder totalen Verlust) bringen. Doch die bunte Vielfalt der Optionstypen und die Vielzahl ähnlicher Optionsscheine ist für die meisten Anleger kaum zu durchschauen. Lassen Sie sich deshalb vor Ihren ersten Transaktionen in jedem Fall von einem Wertpapierberater über die Chancen und Risiken von Optionsscheinen informieren.

➡Tip 70: ***Ohne Infos kein Optionsscheingeschäft***
Informieren Sie sich zunächst in den Finanznachrichten über die derzeitige Börsenlage. Überlegen Sie sich gründlich und fundiert, wie ein bestimmter Index oder die von Ihnen bevorzugte Aktie in drei bis sechs Monaten bewertet sein könnte. Steigen Sie nie vorher in das Optionsscheingeschäft ein.

➡Tip 71: ***Neulinge brauchen eine Bank***
Wenn Sie neu im Optionsscheingeschäft sind, benötigen Sie eine Bank, die etwas von der Optionsscheinanlage versteht und entsprechende Beratungsleistungen anbietet.

➡Tip 72: ***Guter Einstieg mit Standardkonstruktion***
Wählen Sie am Anfang Put oder Call, und setzen Sie auf ein Ihnen vertrautes Basisinstrument (zum Beispiel DAX oder MDAX), bei dem es viele Emittenten und Emissionen gibt. Außerdem haben Sie den Vorteil, daß Sie den Kursverlauf gut verfolgen können.

Den Möglichkeiten solcher Wetten für einen Anleger sind dabei kaum Grenzen gesetzt. Denn heutzutage bekommt er Optionen auf fast alles, was an der Börse gehandelt wird. Will der Anleger Verwechslungen vermeiden, sollte er genau aufpassen und sich gegebenenfalls bei der Emissionsbank informieren, die den jeweiligen Optionsschein ausgegeben hat.
Mit Optionen erwirbt der Anleger, wie der Name schon sagt, nur Rechte und keine Pflichten. Ein Optionsschein verbrieft das Recht, innerhalb einer bestimmten Laufzeit eine bestimmte Anlageform zu einem vorher festgelegten Basiskurs zu

Optionsscheine können sich beziehen auf:

Währungen
ausgehend von irgendeiner Währung auf ihr Verhältnis zu einer anderen Währung (beispielsweise der US-Dollar zum japanischen Yen, zum englischen Pfund oder zukünftig zum Euro)

Indizes
z. B. kann auf einen steigenden oder fallenden deutschen Aktienindex (DAX) oder auf den Dow Jones Index für die New Yorker Wertpapierbörse gesetzt werden, ebenso auf den japanischen Nikkei 225 (Börse Tokio) und andere

Zinsen
z. B. für verschiedene nationale Staatsanleihen

Schwerpunkt-Aktien
z. B. US-amerikanische, deutsche, italienische, Schweizer, schwedische, japanische

kaufen oder zu verkaufen. Die Kaufoptionsscheine heißen Calls, die Verkaufsoptionen Puts. Die bei Geschäftsabschluß zu wählenden Bedingungen sind Menge, Laufzeit, Basispreis der Anlage und der Preis, der der Prämie der Option entspricht. Der Anleger geht also keine Verpflichtung ein, sondern er kann Option ausüben oder das Recht verfallen lassen. Dabei ist der Kapitaleinsatz bei Optionen wesentlich geringer als bei einer unmittelbaren Anlage wie beispielsweise in Aktien. Unterschieden wird zwischen Optionen amerikanischen und europäischen Typs. Mit amerikanischen Aktienoptionsscheinen erwirbt der Anleger die Berechtigung, eine bestimmte Aktie innerhalb einer Frist zu kaufen oder zu verkaufen. Bei europäischen Optionsscheinen ist Kauf und Verkauf nur zu einem bestimmten Zeitpunkt möglich.

➡Tip 70: ***Ohne Infos kein Optionsscheingeschäft***
Informieren Sie sich zunächst in den Finanznachrichten über die derzeitige Börsenlage. Überlegen Sie sich gründlich und fundiert, wie ein bestimmter Index oder die von Ihnen bevorzugte Aktie in drei bis sechs Monaten bewertet sein könnte. Steigen Sie nie vorher in das Optionsscheingeschäft ein.

➡Tip 71: ***Neulinge brauchen eine Bank***
Wenn Sie neu im Optionsscheingeschäft sind, benötigen Sie eine Bank, die etwas von der Optionsscheinanlage versteht und entsprechende Beratungsleistungen anbietet.

➡Tip 72: ***Guter Einstieg mit Standardkonstruktion***
Wählen Sie am Anfang Put oder Call, und setzen Sie auf ein Ihnen vertrautes Basisinstrument (zum Beispiel DAX oder MDAX), bei dem es viele Emittenten und Emissionen gibt. Außerdem haben Sie den Vorteil, daß Sie den Kursverlauf gut verfolgen können.

Den Möglichkeiten solcher Wetten für einen Anleger sind dabei kaum Grenzen gesetzt. Denn heutzutage bekommt er Optionen auf fast alles, was an der Börse gehandelt wird. Will der Anleger Verwechslungen vermeiden, sollte er genau aufpassen und sich gegebenenfalls bei der Emissionsbank informieren, die den jeweiligen Optionsschein ausgegeben hat.
Mit Optionen erwirbt der Anleger, wie der Name schon sagt, nur Rechte und keine Pflichten. Ein Optionsschein verbrieft das Recht, innerhalb einer bestimmten Laufzeit eine bestimmte Anlageform zu einem vorher festgelegten Basiskurs zu

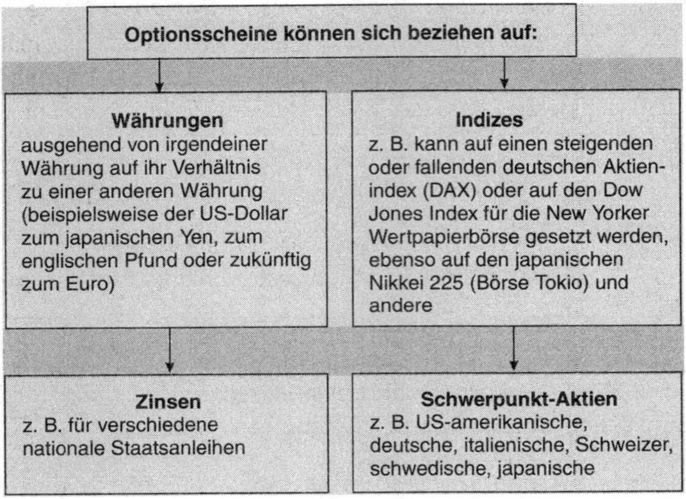

kaufen oder zu verkaufen. Die Kaufoptionsscheine heißen Calls, die Verkaufsoptionen Puts. Die bei Geschäftsabschluß zu wählenden Bedingungen sind Menge, Laufzeit, Basispreis der Anlage und der Preis, der der Prämie der Option entspricht. Der Anleger geht also keine Verpflichtung ein, sondern er kann Option ausüben oder das Recht verfallen lassen. Dabei ist der Kapitaleinsatz bei Optionen wesentlich geringer als bei einer unmittelbaren Anlage wie beispielsweise in Aktien. Unterschieden wird zwischen Optionen amerikanischen und europäischen Typs. Mit amerikanischen Aktienoptionsscheinen erwirbt der Anleger die Berechtigung, eine bestimmte Aktie innerhalb einer Frist zu kaufen oder zu verkaufen. Bei europäischen Optionsscheinen ist Kauf und Verkauf nur zu einem bestimmten Zeitpunkt möglich.

➡Tip 73: ***Investieren Sie nie alles in Optionsscheine***

Legen Sie nur einen kleinen Teil des Vermögens (maximal zehn Prozent) in Optionsscheinen und Optionen an. Und denken Sie immer daran, daß Totalverluste bei Warrants immer möglich sind. Für Sie darf also der Verlust Ihres Einsatzes keine Katastrophe sein.

➡Tip 74: ***Setzen Sie nie alles auf eine Karte***

Splitten Sie Ihren Einsatz wie auch bei Aktien auf mehrere Risiken auf.

➡Tip 75: ***Wählen Sie den richtigen Basispreis***

Nachdem Sie sich für ein Basisinstrument entschieden haben, legen Sie den Basispreis fest. Bevorzugen Sie den Schein, dessen Basispreis deutlich unter dem aktuellen Kurs liegt. Im Fachjargon heißt das, der Basispreis des Scheins liegt deutlich im Geld. Grundregel: Je weiter der Schein im Geld liegt, desto niedriger wird das Verlustrisiko. Der Nachteil: auch die Renditechancen sinken.

Beispiel: Angenommen eine Aktie (oder Währung, Anleihe, ein Index) notiert mit 100 Mark. Der Anleger ist sicher, daß der Kurs demnächst auf 120 Mark steigen wird. Er ordert nun einen Optionsschein, der ihn berechtigt, innerhalb einer bestimmten Laufzeit (amerikanischer Typ) die Aktie zu beispielsweise 110 Mark zu kaufen. Er bestellt also eine Kaufoption, ein Call. Diese Summe von 110 Mark ist damit der in den Optionsbedingungen festgelegte Basispreis. Für dieses Recht, die Aktie innerhalb eines bestimmten Zeitraums zu 110 Mark zu kaufen, zahlt der Anleger eine Optionsprämie, zum Beispiel fünf Mark. Liegt der Anleger richtig mit seiner Spekulation und klettert die Aktie auf 120 Mark, so verdoppelt sich der Wert des Optionsscheins auf zehn Mark. Grund: Dieser Betrag entspricht genau der Differenz zwischen dem Aktienkurs von 120 Mark und dem niedrigeren Basispreis von 110 Mark, zu dem der Anleger ja mit seinem Optionsschein die Papiere beziehen kann.

In dem Beispiel erzielt der Aktionär einen Gewinn von 20 Prozent, der Optionsscheinbesitzer hingegen verdoppelt seinen Einsatz. Der Optionsschein steigt im Kurs wie die Aktie, doch er bindet weit weniger Kapital. Dieses Phänomen wird Hebelwirkung (Leverage-Effekt) genannt.

Genau entgegengesetzt zu diesem Beispiel funktioniert die Absicherung eines Aktiendepots durch Optionsscheine: Mit einem Put erhält der Anleger das Recht, während einer bestimmten Laufzeit das festgelegte Wertpapier zu einem vorab fixierten Kurs zu verkaufen. Fallen die Notierungen unter den vom Optionsscheinbesitzer spekulierten Basispreis, erhält der Anleger die Differenz als Gewinn. Er kann also frei entscheiden, bis zu welchem unteren Kurs er sich absichern möchte. Treten niedrigere Kurse ein, erleidet der Anleger zwar mit seinen Aktien Verluste. Diese aber kann er durch die Gewinne aus den Verkaufsoptionen wieder ausgleichen.

➡Tip 76: *Die Rendite eines Aktiendepots mit Optionen steigern*

Langfristige Betrachtungen zeigen, daß sich die Rendite aus einem Aktiendepot, daß durch Optionen abgesichert ist, unter Berücksichtigung aller Kosten um etwa einen Prozentpunkt steigern läßt.

Das Gedankenspiel bei einer Kaufoption (Call)		
Erwartungen und Chancen	**Käufer eines Call**	**Verkäufer eines Call**
Setzt auf:	Steigende Kurse	Gleichbleibende oder fallende Kurse
Risiko:	Gleichbleibende oder fallende Kurse	Steigende Kurse
Gewinn:	Differenz aus Börsenkurs und Basispreis, abzüglich Optionspreis und Spesen	Wird der Kauf (Call) nicht wahrgenommen: Optionsprämie abzüglich Spesen
möglicher Verlust:	Begrenzt: Optionspreis und Spesen	Unbegrenzt. Bei mangelnder Absicherung über die Basispapiere: Differenz zwischen Börsenkurs und Ausübungspreis, abzüglich Optionspreis und Spesen

Das Gedankenspiel bei einer Verkaufsoption (Put)		
Erwartungen und Chancen	**Käufer eines Put**	**Verkäufer eines Put**
Setzt auf:	Fallende Kurse	Gleichbleibende oder leicht steigende Kurse
Risiko:	Gleichbleibende oder steigende Kurse	Fallende Kurse
Gewinn:	Differenz aus Basispreis und Börsenkurs, abzüglich Optionspreis und Spesen	Wird der Verkauf (Put) nicht wahrgenommen: Optionsprämie abzüglich Spesen
möglicher Verlust:	Begrenzt. Optionspreis und Spesen	Nahezu unbegrenzt. Wird der Put ausgeübt: Differenz zwischen Basispreis und Börsenkurs (kann Null sein!), abzüglich Optionspreis und Spesen

Sowohl bei steigenden als auch bei fallenden Kursen kann es passieren, daß sich die Spekulationen bzw. Befürchtungen des Anlegers nicht erfüllen. Im schlimmsten Fall verfallen dann die Optionsscheine nach ihrer Laufzeit und werden wertlos. Der Anleger muß das für die Optionen eingesetzte Geld als Totalverlust abschreiben. Wobei der Anleger, der Optionen unter dem Sicherungsgedanken gekauft hat, sich damit trösten kann, daß er, wie bei Versicherungen üblich, die Prämie gezahlt, aber keinen Schaden erlitten hat.
Optionsscheine kann jeder Privatanleger heute über seine Hausbank ordern, so problemlos wie eine deutsche Aktie. Die Bank wird allerdings schon aus Haftungsgründen auf das Risiko eines totalen Verlustes des eingesetzten Kapitals hinweisen. Jeder Anleger, der Optionsscheine erwerben möchte, sollte sich aber noch zusätzlich über weitere Risiken informieren:

- Allgemeines Kursrisiko
  Mit Optionsscheinen setzen Sie auf steigende oder fallende Kurse. Das allgemeine Kursrisiko, das bei Aktien besteht, gilt natürlich für Optionsscheinbesitzer entsprechend. Informieren Sie sich also über Kursentwicklungen der letzten Zeit.
- Risiko der Hebelwirkung
- Risiko der Veränderung des Zeitwerts
  In den Optionsscheinkurs geht auch der Zeitwert ein. Dieser reduziert sich gegen Ende der Laufzeit überproportional stark. Korrigiert der Markt, wird es bei Kurzläufern kritisch.
- Risiko der Wertminderung bis hin zum Totalverlust
  Schützen Sie sich mit einem niedrigen Basispreis vor dem Totalverlust. (→ S. 79)

Außerdem ist es wichtig, daß der Anleger bei Optionsscheinen darauf achtet, ob für den jeweiligen Optionsschein ein hinreichend liquider Markt besteht. Das läßt sich beispielsweise an der Zahl der während des Börsenhandels festgestellten Kurse ablesen (Kursteil von Wirtschafts- und Finanzzeitungen). Viele Abschlüsse deuten auf einen regen Handel in diesem Papier. Bei einem illiquiden Markt kann es ihm nämlich passieren, daß er zwar mit dem Kauf der Option eine Wette eingegangen ist – hinterher aber niemand die Wette einlösen will.

➡Tip 77: *Wählen Sie den richtigen Emittenten*

Nach Basisinstrument und Basispreis wählen Sie einen Emittenten aus. Wenn Sie sich, wie empfohlen, für eine Standardkonstruktion entschieden haben, gibt es eine große Auswahl an Scheinen. Bevorzugen Sie denjenigen, der die engsten Kursspannen aufweist und den liquidesten Markt macht. Viele Abschlüsse sprechen für einen regen Handel, nachlesen können Sie die Zahl der während des Börsenhandels festgestellten Kurse in Wirtschafts- und Finanzpublikationen.

➡Tip 78: *Vorsicht bei exotischen Optionsscheinen*

Kaufen Sie am besten nur solche Papiere, deren Konstruktion Sie verstehen.

➡Tip 79: *Schützen Sie sich vor Totalverlust*

Limitieren Sie Ihre Aufträge, und setzen Sie sich stets ein Verlustlimit. Verkaufen Sie sofort, wenn das Limit erreicht ist.

➡Tip 80: *Achten Sie auf die Restlaufzeit*

Wählen Sie Optionsscheine mit ausreichend langer Restlaufzeit. Sie sollte länger sein als der eigene Erwartungshorizont, mindestens aber ein Jahr betragen.

Investmentfonds

Für den sicherheitsorientierten Anleger können Investmentfonds eine geeignete Anlagealternative sein. Die Fondsgesellschaften kaufen für das Geld der Anleger Fondsanteile (das können Aktien, Rentenpapiere, Immobilienwerte sein) und spekulieren damit.

➡Tip 81: *Investmentfonds lohnen sich nicht kurzfristig*

Eine Anlage in Investmentfonds ist nicht geeignet, um kurzfristig an der Börse zu spekulieren. Investmentfonds sind eine Anlage, die erst ab Zeiträumen von etwa drei, besser noch fünf Jahren interessant und relativ »sicher« wird.

Vor- und Nachteile von Investmentfonds

+ Der Anleger muß sich selbst praktisch gar nicht um das Geschehen an der Börse kümmern. Allenfalls einmal, nämlich beim Kauf der Fondsanteile, muß er eine Entscheidung zur Auswahl des Fonds treffen. Und dann genügt es, sich in größeren Abständen, z. B. einmal jährlich, ein Bild von der Performance des Fonds zu machen, also den Erfolg der Fondsmanager zu kontrollieren.
+ Fondsanteile können schon für unter 100 Mark und auch per Dauerauftrag gekauft werden. Es ist also möglich, z. B. monatlich 50 Mark in einen Fondssparplan einzuzahlen. Dafür gibt es dann zwar oft keinen ganzen Fondsanteil. Aber anders als bei Aktien ist es auch möglich, z. B. 0,78 Anteile zu erwerben.
+ Fondsmanager bekommen am deutschen Markt einen ständig wachsenden Einfluß, weil sie zum Teil große Stimmrechtpotentiale in den Hauptversammlungen einbringen können. Und weil ihr persönlicher Erfolg vom erwirtschafteten Erfolg für den Anleger abhängt, kann sich der Anleger auf dem Umweg über die Hauptversammlung dort auch gut vertreten fühlen.
– Der Anleger hat keinen direkten Einfluß darauf, in welche einzelnen Papiere sein Geld investiert wird. Er kann zwar durch die Wahl des Fonds entscheiden, ob zum Beispiel deutsche oder

andere Aktien und welche Branchen bevorzugt werden sollen. Aber letztlich entscheidet nicht er, sondern das Fonds-Management darüber, was ge- oder verkauft wird – und welchen Erfolg die Anlagen bringen.

- Der Anleger kann nicht in jedem Fall davon ausgehen, daß das Fondsmanagement allein seine Interessen vertritt. Zwar hat sich in den letzten Jahren einiges zum Vorteil des Anlegers gewendet – aber in der Vergangenheit gab es auch schon Fälle, in denen womöglich aufgrund von Verflechtungen zwischen Banken und Fondsgesellschaften, die meist Banken-Töchter sind, Anlageentscheidungen getroffen wurden, die zwar für die jeweilige Bank, nicht aber für Anleger und Performance des Fonds von Vorteil waren.
- Der Anleger zahlt immer einen Ausgabeaufschlag, das sogenannte Agio. Würde er einen Fondsanteil kaufen und am nächsten Tag wieder verkaufen, hätte er – keine Kursbewegung vorausgesetzt – einen Verlust in Höhe von etwa 2,5 bis über sieben Prozent zu tragen, nämlich den Ausgabeaufschlag auf den Verkaufspreis. Zusätzlich sind außerdem unterschiedlich hohe Verwaltungs- oder Depotgebühren fällig.

➨Tip 82: *Lassen Sie sich nicht von großem Erfolg blenden*

Von kurzfristigen Erfolgsmeldungen darf sich niemand beeindrucken lassen. Denn ein sensationeller Wertzuwachs in wenigen Monaten läßt zumeist darauf schließen, daß mit hohem Risiko angelegt wird – entsprechend also auch kurzfristig hohe Verluste eintreten können.

Unterscheidung von deutschen und ausländischen Fondsgesellschaften. Nach dem Gesetz über Kapitalanlagegesellschaften haben die deutschen Investmentgesellschaften denselben Status wie Kreditinstitute. Für ihre Geschäfte benötigen sie eine Erlaubnis des zuständigen Bundesaufsichtsamts. Und auch wenn die erteilt ist, unterliegen sie der laufenden Kontrolle des Amtes.

Der Anleger wird bei diesen Unternehmen nicht Miteigentümer an der Gesellschaft selbst, sondern sein Geld fließt in ein Sondervermögen. Dies ist dann der jeweilige Fonds. Geld der Anleger und das Vermögen der Anlagegesellschaft sind also getrennt. Anleger haften dementsprechend nicht mit ihrem in die Fonds investierten Geld für Verpflichtungen der Anlagegesellschaft. Ebenso sind die einzelnen Fonds voneinander getrennt. Es kann nicht passieren, daß die Gewinne des einen Fonds verwendet werden, um die Verluste eines anderen auszugleichen.
Ausländische Fondsgesellschaften können ebenso organisiert sein wie deutsche. Das ist zum Beispiel der Fall bei den aus Luxemburg operierenden Tochtergesellschaften deutscher Banken. Es sind aber auch gänzlich andere Organisationsformen möglich. So kann z. B. eine ausländische Fondsgesellschaft als Aktiengesellschaft operieren, an der sich der Anleger durch Kauf von Aktien beteiligt. Die Firma kauft dann wiederum selbst Wertpapiere. Und an diesem Vermögen ist der Anleger über seine Beteiligung an der Aktiengesellschaft Teilhaber. Die Engagements werden also nicht als Sondervermögen gehalten, sondern es gibt quasi nur einen großen Topf, aus dem heraus die Gesellschaft wirtschaftet.

➡Tip 83: *Kein größeres Risiko bei ausländischen Fonds*

Es besteht kein Unterschied zwischen inländischen Fonds und ausländischen Fonds, die in Deutschland zum Vertrieb zugelassen sind. Denn beide werden staatlich kontrolliert und gleich besteuert. Werden die Anteile im Ausland verwahrt, kommt die Zinsabschlagsteuer nicht zum Zug, die Erträge müssen jedoch in der Steuererklärung angegeben werden.

Kriterien der Fondsauswahl. Worauf wollen Sie als Anleger setzen? Auf nationale oder internationale Aktienfonds? Sollen Fonds, die sich auf bestimmte Branchen wie z. B. Kommunikation oder Industrie beschränken, bevorzugt werden?

➡Tip 84: ***Die Stückelung der Fonds ist wichtig***

Die Qualität des Fonds und eine mögliche Kurssteigerung lassen sich nicht an der Höhe des Ausgabekurses erkennen, sondern hängen vielmehr von der Stückelung ab. So sollten Anleger vielmehr auf die prozentuale Wertsteigerung achten.

➡Tip 85: ***Ob ein Fonds Erträge ausschüttet oder wieder anlegt, ist für die Beurteilung von Fonds nicht wichtig***

Bei der Performanceberechnung wird grundsätzlich angenommen, daß eine Ausschüttung in neue Anteile investiert wird. Eine Wiederanlage wird von den meisten Fondsgesellschaften kostenlos angeboten.

Mit der Auswahl des Fonds entscheidet sich der Anleger immer auch für eine bestimmte Vermögensstruktur und für Anlagegrundsätze, die aus den jeweiligen Prospekten zum Fonds klar hervorgehen müssen. Beispiel: Internationale Aktienfonds sind gemäß ihrer Prospekte verpflichtet, 80 bis 100 Prozent der Anlegergelder weltweit in Wertpapiere zu investieren. Ein Teil des Kapitals wird immer mal wieder auch anders angelegt (z. B. in festverzinsten Wertpapieren) und quasi geparkt, damit die Fondsmanager liquide für neue Engagements sind. In vielen Fällen ist aus dem Prospekt auch erkennbar, welche Anteile bestimmte Aktienmärkte innerhalb der Vermögensstruktur einnehmen sollen. Da kann z. B.

festgeschrieben sein, daß mindestens 20 oder 25 Prozent des Fondsvermögens in deutsche Aktien investiert wird oder daß der Fonds sich nicht in Schwellenländern engagiert (wegen des größeren Risikos).

➡Tip 86: *Achten Sie nicht nur auf den Fonds-Wertzuwachs*

Der Einsteiger sollte sich bei seiner Entscheidung für einen Fonds nicht nur anhand des Wertzuwachses orientieren, sondern sich ausführlich beraten lassen und die Anlagepolitik des Fonds prüfen. So muß er zum Beispiel bei internationalen Aktienfonds auch Währungsrisiken einkalkulieren. Auf bestimmte Branchen ausgerichtete Fonds können (z. B. durch Verbesserung oder Verschlechterung der Exportchancen für die jeweilige Branche) ganz andere Wertentwicklungen aufzeigen als ein Gesamtindex.

Die Anlagepolitik eines Fonds läßt erkennen, in welche Gruppe der Fonds er einzureihen ist:

Standard-Aktienfonds. Hier wird vorzugsweise in die Standardwerte oder Blue Chips investiert (→ S. 96).
Spezial-Aktienfonds. Diese konzentrieren sich bei ihrer Anlagepolitik immer auf bestimmte Marktsegmente, betreiben also eine gezielte Anlagepolitik. Unterschieden wird da insbesondere nach

- Aktien-Indexfonds (die mit ihrer Anlagestruktur einen bestimmten Index nachbilden;
- Branchenfonds (die nur Investitionen in die Werte bestimmter Industriezweige tätigen);
- Small-Cap-Fonds (die sich auf die Werte kleiner oder mittlerer Unternehmen konzentrieren, also quasi ein Gegengewicht zu den Standard- oder Indexfonds bilden).

Gemischte Fonds. Sie legen nur einen Teil des Geldes in Aktien an, engagieren sich außerdem in Rentenwerten (festverzinsliche Wertpapiere), wobei auch da noch Unterscheidungen getroffen werden können. Denn manche dieser Fonds nutzen auch die Möglichkeiten an den Termin- und Optionsbörsen oder engagieren sich außer in Aktien auch in Wandel- und Optionsanleihen.
Spezialitäten-Fonds. Diese weisen im Normalfall kaum eine Risikostreuung auf, weil sie sich auf ganz bestimmte Marktsegmente oder Instrumente konzentrieren, das können z. B. nur Options- oder Genußscheine sein, Verkaufsoptionen auf einen Index usw. Für einen Anleger, der gerade wegen der Risikostreuung nicht in einzelne Aktienwerte gehen will, sondern sich für eine Fondsanlage auch unter dem Gesichtspunkt der Risikostreuung entscheidet, wären diese Fonds nicht das richtige.

Bei all den aufgezählten Fonds ist außerdem jeweils der sogenannte »geographische Anlagehorizont« zu berücksichtigen. All die aufgezählten Fonds lassen sich also noch unterscheiden nach

- Länderfonds
- Regionen- oder Hemisphärenfonds (z. B. für Europa, Asien, Nordamerika usw.)
- Internationalen Fonds und Emerging-Markets-Fonds (für Anlagen in Schwellenländern).

Darüber hinaus muß der Anleger noch berücksichtigen, ob er regelmäßige Ausschüttungen der Erträge wünscht (ausschüttende Fonds) oder ob er (dann erst beim Verkauf) vom Wertzuwachs profitieren und solche Fonds kaufen will, die alle Erträge gemäß ihrer Anlagestrategie wieder investieren (thesaurierende Fonds).

Investmentfonds und Steuern. Renten- und Geldmarktfonds sind überwiegend ertragsteuerpflichtig, denn der aus ihnen gewonnene Ertrag besteht fast ausschließlich aus Zinsen.

Damit haben die Aktienfonds bei diesem Vergleich die Nase vorn. Der Kursgewinn bleibt steuerfrei, wenn der Anleger den Anteil länger als sechs Monate liegenläßt. Nur die Dividenden sind anteilig steuerpflichtig, bei deutschen Aktien liegt der Anteil bei etwa drei Prozent. Nachteil: Bei den meisten Aktienfonds fallen auch in Jahren mit Kursverlusten steuerpflichtige Erträge an, da die Dividenden trotzdem weitergezahlt werden.

➡Tip 87: ***Schwankungen bei Aktienfonds berücksichtigen***

Wer in Aktienfonds anlegen möchte, sollte stets einen längeren Anlagehorizont wählen. Denn Aktienfonds unterliegen im Durchschnitt sehr viel höheren Schwankungen als zum Beispiel Rentenfonds.

Die Investmentgesellschaft stellt am Ende eines Fondsgeschäftsjahres (muß nicht mit dem Kalenderjahr übereinstimmen) eine Steuerbescheinigung aus. Diese enthält eine genaue Aufstellung über die steuerpflichtigen Ertragsanteile eines Fonds, das Körperschaftsteuerguthaben und die ausländischen Ertragsanteile.

➡Tip 88: ***Anleger ohne Freibeträge müssen ans Finanzamt zahlen***

Die steuerpflichtigen Erträge eines Fonds müssen Sie als Einkünfte aus Kapitalvermögen dem Finanzamt melden. Das gilt für alle, die ihre Freibeträge überschritten oder womöglich gar keinen Freistellungsauftrag erteilt haben.

Die Steuerbescheinigung muß der Anleger seiner Steuererklärung beifügen. Bleiben Fragen offen, sollte der Anleger sein depotführendes Institut um Erklärung bitten.
Neben der Unterscheidung in die unterschiedlichen Fondskategorien gibt es weitere Merkmale der Besteuerung von Investmentfonds. So spielt beispielsweise auch immer der Sitz der Fondsgesellschaft und die Registrierung beim Bundesaufsichtsamt für das Kreditwesen eine entscheidende Rolle. Richten Sie Ihr besonderes Augenmerk dabei auf die in Deutschland vertriebenen Anteile ausländischer Kapitalanlagegesellschaften.
Per Gesetz gibt es drei verschiedene Klassen, die steuerlich sehr unterschiedlich behandelt werden.

- registrierte Auslandsfonds;
- Auslandsfonds mit einem steuerlichen Vertreter;
- Auslandsfonds ohne steuerlichen Vertreter.

➡Tip 89: ***»Steuerfreie« Fonds aussuchen***

Auch aus steuerlichen Gründen ist es empfehlenswert, die Anlageentscheidung auf inländische Fonds, Luxemburger Fonds und Auslandsfonds mit deutscher Zulassung zu beschränken. Denn nur auf diese Kategorien trifft der Begriff »steuerfreies Zweckvermögen« zu.

Die neuen Fonds

Seit April 1998 hat sich das Fondsangebot für den Anleger erheblich erweitert. Der Grund liegt im sogenannten Dritten Finanzmarktförderungsgesetz, das zu diesem Zeitpunkt in Kraft getreten ist. Investmentfirmen bekamen damit die Erlaubnis, ihre Angebote auszuweiten und neue Ableger von

Investmentfonds zu bilden. Dem Anleger werden diese überwiegend als Altersvorsorgemöglichkeiten angeboten.

Aktien-Laufzeitfonds. Ein Garantiefonds ist der Aktien-Laufzeitfonds nicht. Bei einem Garantiefonds werden dem Anleger keine Verluste des eingesetzten Kapitals garantiert. Das Prinzip dieser Fonds ist, daß die Fondsmanager ihre Spekulationen durch den gleichzeitigen Kauf von Optionsscheinen absichern. Beim Aktien-Laufzeitfonds hingegen kann dem Anleger das eingesetzte Kapital zum Laufzeitende nur in Aussicht gestellt und nicht garantiert werden. Wichtige Neuerung: Bei diesem Fonds wird die Laufzeit bereits beim Kauf festgelegt. Die Optionen sind maßgeschneidert, das Fondsvermögen ist abgesichert. Die Renditechancen sind dadurch allerdings gesenkt.

Altersvorsorge-Sondervermögen. Das Altersvorsorge-Sondervermögen (AS) ist ein Fonds, mit dem besonders »Rentenverunsicherte« angesprochen werden sollen. Das Vorbild dieser Fonds sind die angloamerikanischen »Pension Funds«, die Basis ist die Anlage in Aktien und Immobilien. Mit Blick auf die Altersvorsorge wurden Spar- und Auszahlpläne entwickelt. Das heißt, daß zunächst, wie bei den herkömmlichen Fonds auch, in einer Ansparphase Vermögen gebildet wird. Investiert wird hier in risikoreiche Anlagen mit hohen Renditechancen. Steht jedoch die Auszahlphase bevor, wird das Vermögen vom Fondsmanagement in sicherheitsorientierte Anlagen umgeschichtet. Die Zusammensetzung der Altersvorsorge-Sondervermögen sieht grundsätzlich wie folgt aus: Der Aktienanteil der Sondervermögen muß zwischen 21 und 75 Prozent des Fondsvermögens liegen, in Immobilien dürfen bis zu 30 Prozent investiert werden.

Dachfonds. Ihr richtiger Name lautet Investmentfondsanteil-Sondervermögen. Sie bilden ein Standardprodukt zur Vermögensverwaltung. Der Fonds beteiligt sich an anderen Aktien-, Renten- oder Immobilienfonds. Mit dieser breiten Streuung über die verschiedenen Fonds können, im Gegensatz zu der Anlage in einzelne Wertpapiere, Kursrisiken verringert werden.

Geschlossene Wertpapierfonds. Bei den geschlossenen Wertpapierfonds kann der Fondsmanager langfristig investieren. Bei den offenen Fonds geht das nicht, denn dort ist er verpflichtet, die Fondsanteile jederzeit vom Anleger zurückzukaufen. So ist er bei den geschlossenen Fonds davon befreit, die fortlaufenden Rückflüsse in seine Kalkulationen mit einzubeziehen. Ausnahme: In den USA werden die Papiere zu jeder Zeit gehandelt, denn hier werden geschlossene Wertpapierfonds als Aktien notiert. Geschieht das auch in Deutschland, gilt dieselbe Sachlage.

Indexfonds und -zertifikate. Auch Indexfonds werden mit dem dritten Finanzmarktförderungsgesetz ganz offiziell als eigene Fondsgattung zugelassen. Dabei wird das Vermögen von Indexfonds so gestaltet, daß die Zusammensetzung des Depots einen bestimmten Index genau nachbildet. Wird ein Fonds beispielsweise dem DAX 100 nachgebildet, so partizipiert der Anleger an der Entwicklung der 100 Standardwerte. Eine neue Form des Indexprodukts sind die sogenannten Indexzertifikate. Das sind Schuldverschreibungen einer Bank, auf die der Anleger jedoch keine Zinszahlungen, sondern seine Anleihe am Fälligkeitstag zu dem entsprechenden Indexstand zurückgezahlt bekommt. Sie erfreuen sich bei Banken und Brokerhäusern steigender Beliebtheit. Der Anleger ist dadurch an der Wertentwicklung der in dem jeweiligen Index enthaltenen Aktien beteiligt. Dabei sollten steuersensible Anleger Indexzertifikate auf den DAX bevorzugen.

➡Tip 90: ***Empfehlenswert sind Zertifikate auf den DAX***

Besser als Papiere auf ausländische Börsenbarometer sind Zertifikate, die dem DAX folgen. Denn der DAX ist ein Performance-Index (total return index), das heißt, er erfaßt neben der Kursveränderung auch die Erträge der Indexwerte. Das sind zum Beispiel Dividendenzahlungen, Erlöse aus der Veräußerung von Bezugsrechten usw. Diese Einnahmen und Erlöse werden zum Indexstand hinzugezählt. Dadurch kann der DAX auch bei stagnierenden Kursen steigen.

Indexzertifikate besitzen im Vergleich zu den Indexfonds auf den ersten Blick deutliche Kostenvorteile. Denn bei den Zertifikaten entfallen zum Beispiel laufende Verwaltungskosten. Wer allerdings noch Spielraum in seinem Freibetrag hat, kann mit einem Indexfonds oft mehr erreichen. Ein weiterer Vorteil von Indexfonds ist ihre unbefristete Laufzeit. Indexzertifikate werden hingegen irgendwann fällig – wie jedes festverzinsliche Wertpapier auch. Für jeden Umstieg auf ein neues Papier fallen dann wieder Kosten an.

➡Tip 91: ***Zertifikate mit langer Laufzeit wählen***

Die kurzfristige Spekulation mit Zertifikaten ist verlockend, schließlich gibt es eine reichliche Auswahl. Sie ersparen sich jedoch unnötige »Ersatzkosten« fälliger Papiere, wenn Sie bei der Anlageentscheidung diejenigen mit längerer Laufzeit (bei gleicher Ausstattung) bevorzugen.

Mischfonds. Bei gemischten Fonds liegt es in der Natur der Sache, daß die Rendite in erster Linie vom Konzept abhängt;

die Fähigkeit des Fondsmanagers ist hier zweitrangig. So ergab eine Untersuchung der Stiftung Warentest, daß diejenigen gemischten Fonds, die in den vergangenen Jahren verstärkt auf Aktien gesetzt haben, auch die besten Ergebnisse für den Anleger erzielen konnten.

➡Tip 92: ***Bei den Mischfonds das Konzept prüfen***

Der Anleger sollte bei den gemischten Fonds zuerst immer das Konzept begutachten, bevor er die Rendite beurteilt. Im anderen Fall läuft er Gefahr, Äpfel mit Birnen zu vergleichen.

Mischfonds bestehen aus gemischten Wertpapier- und Grundstücks-Sondervermögen. Das Fondsvermögen darf bis zu 30 Prozent in Grundstücke, Beteiligungen an Grundstücksgesellschaften oder Anteilen an Immobilienfonds investiert werden. Darüber hinaus können Fondsmanager Liquidität in Form von Geldmarktfonds halten. Anlageentscheidungen werden dadurch flexibler.

Alte und neue Indizes

Der tägliche Börsentrubel und die Vielfalt der Aktien machen es dem Anleger unmöglich, die Kursentwicklung jedes einzelnen Papiers zu beobachten. Für ihn ist die Gesamtentwicklung eines Marktes an einem Tag oder über einen längeren Zeitraum hinweg von größerer Bedeutung. Und diese Information kann er aus einem Index erhalten.

➡Tip 93: ***Mit einem Index wissen, wo's langgeht***
Wer einen schnellen Überblick zum Börsengeschehen haben will, muß nicht viele Einzelwerte betrachten, sondern kann Stimmung und Kursentwicklung aus einem Index erkennen.

Der Index ist eine Kennzahl, die die Einzelinformationen (z. B. Kurse und Umsätze) der vielen Finanztitel zu einer Zahl zusammenfaßt. Damit fungiert der Index als eine Art Stimmungsbarometer, der die Tendenz auf dem Aktien- oder Rentenmarkt in einer Zahl ausdrückt. Oft wird dazu der Wert eines Kurses zu einem bestimmten Zeitpunkt als Bezugsgröße genommen und z. B. gleich Hundert (Tokio Stock Price Index) oder Tausend (DAX) gesetzt. Der jeweils neu errechnete Wert wird dann dazu ins Verhältnis gesetzt. Die Frankfurter Wertpapierbörse und vor allem Geschäftsbanken ermitteln regelmäßig Aktien-, Renten-, Optionsschein- und andere Indizes. Somit erhält der Anleger schnell einen Überblick über die Entwicklung des Gesamtmarktes deutscher Aktien, Anleihen, Optionsscheine usw.
Und so wird ein Index grundsätzlich berechnet: Die Einzelkurse von ausgesuchten Aktien oder Anleihen werden zusam-

mengestellt und addiert. Jede Aktie oder Anleihe geht dabei mit einer bestimmten Gewichtung in die Berechnung ein. Will man den Indexverlauf dokumentieren, muß diese Berechnung während eines Börsentages oder über einen bestimmten Zeitraum hinweg wiederholt werden.
Die spezielle Indexberechnung, die Struktur und die jeweilige Wertpapierzusammenstellung sind jedoch bei jedem Index verschieden.

Wichtige Indizes an der Börse	
DAX (Deutscher Aktienindex)	Umfaßt die 30 wichtigsten deutschen Aktien
MDAX (Mid-cap-DAX: middle-sized-capitalization)	Umfaßt die 70 Aktien hinter dem DAX, d. h. von Platz 31 bis Platz 100
DAX 100	Alle 100 Aktien aus DAX und MDAX
CDAX (Composite DAX)	Alle in Frankfurt im amtlichen Handel notierten Aktien
REX (Deutscher Rentenindex)	Basiert auf 30 hypothetischen Anleihen mit Laufzeiten von 1 bis 10 Jahren mit 3 verschiedenen Nominalzinssätzen
REXP (REX-Performance-Index)	Basiert auf dem REX, erfaßt zusätzlich die Zinserlöse

Deutsche Indizes

Der DAX. Der Deutsche Aktienindex (DAX) wird seit dem 1. Juli 1988 veröffentlicht. Er wurde von der Frankfurter Wertpapierbörse, der Arbeitsgemeinschaft der Deutschen Wertpapierbörsen und der Börsen-Zeitung entwickelt. Der DAX wird aus 30 Aktientiteln berechnet. Welche Aktien das sind, hängt ab von

- der Börsenkapitalisierung,
- dem Börsenumsatz und
- dem frühen Erscheinen der Eröffnungskurse.

Die Gewichtung der im DAX vertretenen Gesellschaften erfolgt nach ihrem börsennotierten Grundkapital. Dementsprechend haben die Gesellschaften mit einem hohen Grundkapital einen stärkeren Einfluß auf den Stand des DAX als diejenigen, deren Grundkapital niedriger ist. Aber nicht nur das Grundkapital der zum DAX zählenden Gesellschaft beeinflußt den Indexstand, sondern auch der Börsenkurs ihrer Aktien. Dabei werden die Aktientitel regelmäßig auf Aktualität überprüft, das heißt, es wird kontrolliert, inwieweit der Börsenumsatz und das mit dem Aktienkurs bewertete Grundkapital (Marktkapitalisierung) die Vertretung der Gesellschaft im DAX rechtfertigen. Diese Kontrolle findet jährlich einmal im September statt. Hält eine Aktiengesellschaft der Überprüfung nicht stand, ist es durchaus möglich, sie im Index gegen eine andere auszutauschen.
Der DAX wird von der Deutschen Börse AG während des Börsenverlaufs jede Minute ermittelt. Die Berechnung erfolgt auf Basis der fortlaufenden Notierungen der 30 Aktienwerte. Im Frankfurter Börsensaal wird der Deutsche Aktienindex an einer Anzeigetafel veröffentlicht, außerdem wird dort sein Verlauf graphisch dargestellt.
Der DAX ist ein sogenannter Performance-Index (auch total return index). Das bedeutet, daß der DAX außer der Kursveränderung auch die Erträge der Indexwerte (Dividendenzahlungen, Erlöse aus Bezugsrechtsveräußerungen usw.) erfaßt. Der DAX gilt somit als Performancemaßstab – er drückt stets zu einem bestimmten Zeitpunkt den absoluten Wert einer Geldanlage aus. Unter der Annahme, daß 1000 Mark am 31. 12. 87 in den DAX investiert wurden, zeigt ein Indexstand von zum Beispiel 4000, daß sich der Wert der Geldanlage seit Ende 1987 vervierfacht hat. Der Vorteil für alle Börseninteressierten: Man muß nicht lange einzelne Kurse vergleichen, Dividenden nachschlagen, um sich schnell einen

Überblick über den Gesamttrend der Börse zu verschaffen. Es genügt ein Blick auf den DAX. Ist er gegenüber dem Vortag, dem Jahresbeginn oder einem anderen Zeitpunkt gestiegen, war der Kursverlauf insgesamt positiv – auch wenn einige Aktienwerte durchaus in eine andere Richtung marschiert sein können. Schließlich gibt der DAX nur einen Durchschnitt an. Schwierig würde es aber für einen Anleger, wollte er sein eigenes Depot genau der Zusammensetzung des DAX anpassen.
Der Deutsche Aktienindex fungiert vor allem als Barometer für den Aktienmarkt und als Vergleichsmaßstab (Benchmark) für die Beurteilung von Aktien-Portefeuilles und Aktienfonds.

Der MDAX. Im MDAX sind sogenannte Mid-cap-Unternehmen erfaßt. Das sind 70 Gesellschaften, die eine geringere Kapitalausstattung aufweisen als diejenigen, die den DAX repräsentieren. Der MDAX wurde am 19. Januar 1996 ins Leben gerufen, auch er wird ebenso wie der DAX minütlich mit Hilfe derselben Formel berechnet. Der Index hat eine Basis von 1000 am 30. Dezember 1987.

Der DAX 100. Der DAX 100 wird, wie der Name schon sagt, für insgesamt 100 Aktientitel berechnet. Er umfaßt DAX und MDAX. Ebenso wie der Deutsche Aktienindex ist der DAX 100 ein Performance-Index, der minütlich aktualisiert wird. Die Basis dieses Indexes ist allerdings 500 am 30. Dezember 1987.

Der CDAX. Der CDAX umfaßt jeweils die Aktienindizes bestimmter Branchen, dabei steht das C für Composite. So berücksichtigt beispielsweise der CDAX-Chemie ausschließlich Aktien von Gesellschaften der Chemiebranche, der

CDAX-Textil nur Papiere aus der Textilbranche. Nicht alle Branchenindizes werden minütlich berechnet, einige Kurse werden nur einmal pro Börsentag am Ende der Börsensitzung ermittelt.
Die Werte aller Branchenindizes sind im CDAX-Gesamtindex zusammengefaßt. Er beinhaltet alle deutschen Aktien, die an der Frankfurter Wertpapierbörse im amtlichen Handel notiert sind. Der CDAX-Gesamtindex wird minütlich während der Börsensitzung ermittelt. Aus Vereinfachungsgründen werden die einzelnen Branchenindizes und der CDAX-Gesamtindex unter dem Begriff C-DAX zusammengefaßt. Auch der CDAX ist ein Performance-Index, seine Basis ist 100 am 31. Dezember 1987.

Der REX. Seit dem 30. Dezember 1987 berechnet die Deutsche Börse AG täglich auch den Deutschen Rentenindex (REX). Der Rentenindex mißt die Kursentwicklung am Rentenmarkt anhand eines repräsentativen Musterportfolios. Zu seiner Berechnung werden die Schlußkurse aller Anleihen, Schatzanweisungen und Obligationen des Bundes ermittelt, die eine feste Verzinsung und eine Restlaufzeit zwischen 0,5 und 10,5 Jahren aufweisen. Die Kurse der Musterwerte des Rentenindex werden auf der Basis der täglich ermittelten Renditestruktur neu emittierter Schuldverschreibungen errechnet. Die Kurse der Musterwerte werden dann zum gewichteten Kursdurchschnitt per 29. 12. 1980, der Index-Basis, in Beziehung gesetzt.

Der REXP. Der REX-Performance-Index (REXP) beinhaltet zusätzlich zu den Kursveränderungen der 30 hypothetischen REX-Anleihen auch deren Zinserlöse. Seine Basis ist 100 am 30. Dezember 1987. Der REXP berücksichtigt Kurserträge oder -verluste, die durch verminderte Restlaufzeiten bei einem realen Anleihe-Portfolio entstehen. Entsprechend zeigt der REXP an, wie sich 100 Mark entwickelt hätten, wenn sie am 30. Dezember 1987 in die REX-Anleihen investiert und die Erträge des Portefeuilles stets reinvestiert worden wären. Außerdem gilt die Annahme, daß kein Geld entnommen oder hinzugefügt wurde.

➡Tip 94: ***Ein Index bleibt immer der Gewinner***
Anleger, die selber versuchen, die Aktien mit den besten Gewinnchancen herauszusuchen, können den Index auf Dauer nicht schlagen. Das ist das Ergebnis einer wissenschaftlichen Untersuchung. Langfristig ist es deshalb von Vorteil, auf die Papiere zu setzen, die im Index enthalten sind. Der Anleger kann sich dazu einen entsprechenden Indexfonds aussuchen, der einen von ihm gewünschten Marktindex (z. B. DAX, REX) ziemlich genau nachbildet.

Ausländische Indizes

USA: Der Dow Jones. Der weltbekannte und in den USA wichtigste Aktienindex ist der Dow Jones Industrial Average (DJIA), umgangssprachlich besser bekannt unter Dow Jones. Sein Ursprung liegt im Jahre 1894, als Charles Dow einen Index für Eisenbahnwerte schuf. 1896 wurde der Index erstmals von der Börsenzeitung der Firma Dow, Jones & Co., dem heutigen Wall Street Journal, ermittelt. Dabei wurden zunächst nur 11 Aktien berücksichtigt. Erst 34 Jahre später wurde der Index auf 30 Aktienwerte erweitert. Auch heute noch berücksichtigt der Dow-Jones-Index 30 Aktien, die sogenannten »blue chips«. Dahinter stehen Unternehmen mit erstklassiger Bonität.
Die Zusammensetzung des Dow-Jones-Index hat sich im Lau-

fe der Zeit mehrmals geändert. Denn die Aktien werden immer wieder nach der Größe der Gesellschaft und ihrer Handelsaktivität aktualisiert. So wurden im Jahre 1991 beispielsweise die Papiere der Gesellschaften USX Corporation, Navistar und Primerica aus dem Dow Jones herausgenommen. Für sie kamen die Werte von Walt Disney, Caterpillar und J. P. Morgan hinzu.
Der Dow Jones wird wie der Deutsche Aktienindex während der Börsenzeit laufend ermittelt.

Australien: Der All ordinaries. Die Australien Stock Exchange (ASX) berechnet in Sydney den australischen Index »All ordinaries«, der etwa 300 australische Unternehmen beinhaltet. Die Indexbasis ist 500 im Jahre 1968.

Großbritannien: Der FT.SE 100. »Footsie« ist der Spitzname von dem englischen Index Financial Times/Stock Exchange 100. Der FT.SE 100 wird von der Financial Times und der London Stock Exchange (LSE) berechnet. Er enthält die Kurse der 100 größten Aktiengesellschaften Großbritanniens. Die Berechnung des FT.SE 100 erfolgt während der Börsenzeit minütlich, seine Basis ist 1000 am 31. Dezember 1983.

Hongkong: Der Hang Seng. Der Hang-Seng-Aktienindex basiert auf etwa 35 bedeutenden Aktienwerten, die an der Hongkonger Börse notiert sind. Berechnet wird der Hang Seng von der Hang Seng Index Services Ltd., die Indexbasis ist 100 am 31. Juli 1964.

Japan: Der Nikkei Index. Der Nikkei-Aktienindex wird an der Tokioter Börse aus insgesamt 225 Werten ermittelt. Seine Berechnung erfolgt während der Börsenzeit minütlich. Veröffentlicht wird der japanische Aktienindex seit dem 16. Mai

1949 von der japanischen Finanzzeitung Nihon Keizai Shimbun.

Singapur: Der Straits Time Industrials. Der Singapurische Aktienindex wird von der Wirtschaftszeitung »Straits Time« erstellt. Er umfaßt 30 bedeutende und in Singapur gehandelte Aktienwerte. Seine Indexbasis ist 100 am 30. Dezember 1964.

Südafrika: Der JSE-Industrial. Der Aktienindex der Johannesburg Stock Exchange (JSE) basiert auf etwa 400 Industriewerten. Seine Berechnung erfolgt alle 2,5 Minuten während der Börsenzeit. Die Indexbasis ist 281,8 am 1. November 1978.

Stoxx – die neuen europäischen Indizes

Der Euro, die neue europäische Einheitswährung, wird auf dem weltweiten Börsenparkett zu zahlreichen Änderungen führen. Der europäische Aktienmarkt, der bislang aus 32 kleinen Börsen bestand, wird zusammenschmelzen. Ergebnis: Der Anleger kann künftig unter 2800 börsennotierten Aktien ohne Währungsrisiko wählen. Damit überrundet der europäische Aktienmarkt den japanischen, der bislang hinter den USA der zweitgrößte der Welt war.
Der Aktienanleger im Euro-Land wird sich neu orientieren müssen, entscheidend sind zukünftig mehr die Branchen und weniger die Länder. Will er beispielsweise Telekommunikationsaktien erwerben, so sollte er sich nicht nur auf ein Land beschränken, sondern sich europaweit in der Telekommunikationsbranche umsehen. Das bedeutet, daß er neben den deutschen Werten wie Deutsche Telekom oder MobilCom

auch andere europäische Telekommunikationspapiere, wie zum Beispiel die niederländische Koninklijke PTT, die französische France Telekom oder die italienische Telecom Italia berücksichtigen muß.
Um sowohl den privaten als auch den institutionellen Anlegern die Auswahl der Aktienwerte zu erleichtern, wurde von den Börsen Paris, Zürich und Frankfurt in Zusammenarbeit mit dem Verlagshaus Dow Jones eine neue europäische Aktien-Indexfamilie entwickelt. Stoxx ist der Familienname der neuen europäischen Börsenbarometer. Insgesamt gibt es vier Einzelindizes.

Die Stoxx-Familie Die neuen europäischen Aktienindizes	
Dow Jones Stoxx	– deckt Europa insgesamt ab – enthält 666 Aktien aus 16 Ländern
Dow Jones Euro Stoxx	– deckt die Länder ab, die bei der Währungsunion dabei sind – enthält 326 Aktien aus den vorläufig 11 Euro-Ländern
Dow Jones Stoxx 50	– deckt Europa insgesamt ab – enthält die 50 Top-Aktien Europas
Dow Jones Euro Stoxx 50	– deckt die Länder ab, die bei der Währungsunion dabei sind – enthält die 50 Top-Aktien der vorläufig 11 Euro-Länder

Der Dow Jones Stoxx 50 und der Dow Jones Euro Stoxx 50 sind Blue-Chips-Indizes, das heißt, sie beinhalten ausschließlich Werte von Unternehmen mit erstklassiger Bonität. Diese beiden Indizes sollen als sogenannte Vergleichsmaßstäbe (Benchmarks) dienen, an denen Profis ihre Leistung messen. Denn in ihnen findet jeder Anleger, auch der private, sehr schnell die größten und liquidesten Aktien in Europa.

➡Tip 95: *Seien Sie auch bei den neuen Indizes kritisch*

Gehen Sie an die neuen Indizes grundsätzlich nicht kritiklos heran. Und beachten Sie auch die bereits existierenden europäischen Aktienindizes, wie zum Beispiel die MSCI (Morgan Stanley Capital International-Indizes) oder den Financial Times/Standard & Poor's Europa Index.

Experten bemängeln beispielsweise, daß der Euro Stoxx 50 nur die jeweiligen Branchenführer der Euro-Länder umfaßt. Das, so die Fachleute, würde die europäische Aktienwelt nicht richtig widerspiegeln. So sind zum Beispiel im Euro Stoxx 50 die Aktien von VW und BMW nicht berücksichtigt, allein der Branchenführer Daimler ist vertreten. Auf der anderen Seite umfaßt der neue europäische Aktienindex so viele Branchen (19), daß er Sektoren aufweisen kann, die dem DAX zum Beispiel fehlen. Vor allem der Energie- und der Telekommunikationssektor werden somit von den neuen europäischen Indizes profitieren.

➡Tip 96: *Der Euro Stoxx 50 ist nicht das Maß aller Dinge*

Der Privatanleger sollte den Euro Stoxx 50 nicht als eine perfekte Einkaufsliste betrachten, schließlich beschränkt er sich nur auf die Teilnehmerländer der europäischen Währungsunion. Andere große und zu berücksichtigende Gesellschaften finden entsprechend nur im europaweiten Dow Jones Stoxx 50 Beachtung.

Die jeweiligen Branchenanteile der beiden Top-50-Indizes Dow Jones Euro Stoxx 50 und Dow Jones Stoxx 50 können Sie der umseitigen Tabelle entnehmen.

Dow Jones Euro Stoxx 50 Der neue Aktienindex der Euro-Zone	
Index-Gewichtung	**Unternehmen**
Deutschland 27,06%	Allianz AG (5,38), Deutsche Telekom AG (4,05) Daimler Benz AG (3,35) Deutsche Bank AG (2,66) Siemens AG (2,50) Veba AG (2,44) Bayer AG (2,32) Mannesmann AG (1,76) RWE AG (1,31) Metro AG (0,74) Lufthansa AG (0,56)
Niederlande 26,67%	Royal Dutch Petroleum (8,4) ING Groep N.V. (3,33) Unilever N.V. (3,15) Philips Electronics N.V. (1,88) ABN-Amro Holding N.Y. (2,36) Aegon N.V. (2,52) Koninklijke PTT (1,83) Ahold Kon. (1,18) Akzo Nobel N.V. (1,13) Elsevier N.V. (0,90)
Frankreich 22,7%	France Telekom (3,57) AXA (2,38) Societe Nationale Elf Aquitaine (2,33) L'Oreal (2,25) Carrefour (1,70) Genèrale des Eaux (1,64) Alcatel Alsthom (1,60) LVMH Moet-Hennesey Louis Vuitton (1,32) Rhône Poulenc SA (1,22) Paribas (1,16) Societe Générale (1,12) Compagnie de St. Gobain (0,97) Air Liquide (0,90) Schneider SA (0,67)
Italien 10,41%	ENI (3,59) Telecom Italia (2,70) Assicurazioni Generali S.p.A. (2,23) Fiat S.p.A. (1,07) Credito Italiano S.p.A. (0,82)
Spanien 7,55%	Telefonica de Espana (2,47) Banco Bilbao Vizcaya (2,33) Endesa (1,71) Repsol S.A. (1,04)
Belgien 2,39%	Electrabel (0,98) Fortis AGN (0,82) Petrofina S.A. (0,59)
Finnland 1,55%	Nokia Ab Oy (1,55)
Irland 0,79%	Allied Irish Banks (0,79)
Portugal 0,75%	Portugal Telecom (0,75)

Dow Jones Stoxx 50 Der neue Aktienindex in Europa	
Index-Gewichtung	**Unternehmen**
Großbritannien 25,02%	GlaxoWellcome Plc (4,86) British Petroleum Co. (4,05) Lloyds TSB Group Plc (4,05) British Telecom Plc (3,10) Diageo Plc (1,86) B.A.T. Industries (1,66) Prudential Corp. (1,44) Marks & Spencer Plc (1,33) General Electric Plc (0,97) Royal and Sun Alliance Insurance (0,96) Reuters Holding Plc (0,75)
Deutschland 17,49%	Allianz AG (3,65) Deutsche Telekom AG (2,75) Daimler Benz AG (2,27) Deutsche Bank AG (1,81) Siemens AG (1,69) Veba AG (1,66) Bayer AG (1,57) Mannesmann AG (1,20) RWE AG (0,89)
Niederlande 16,9%	Royal Dutch Petroleum (5,89) ING Groep N.V. (2,26) Unilever N.V. (2,13) Aegon N.V. (1,71) ABN-Amro Holding N.Y. (1,60) Philips Electronics N.V. (1,27) Koninklijke PTT (1,24) Ahold Kon. (0,80)
Schweiz 14,67%	Novartis (5,65) Nestlé SA (3,47) Credit Suisse Group (2,40) Union Bank of Switzerland (1,63) Schweiz-Rückvers.-Ges. (1,52)
Frankreich 11,3%	France Telekom (2,42) AXA (1,61) Societé Nationale Elf Aquitaine (1,58) L'Oreal (1,53) Carrefour (1,15) Generale des Eaux (1,11) Alcatel Alsthom (1,08) Rhône Poulenc SA (0,82)
Italien 5,77%	ENI (2,43) Telecom Italia (1,83) Assicurazioni Generali S.p.A. (1,51)
Spanien 4,41%	Telefonica de Espana S.A. (1,67) Banco Bilbao Vizcaya (1,58) Endesa (1,16)
Schweden 3,4%	Ericsson (1,99) Astra AB (1,41)
Finnland 1,05%	Nokia Ab Oy (1,05)

Die Börse und der Euro

Die Einführung der neuen europäischen Einheitswährung »Euro« am ersten Januar 1999 wird die Finanzmärkte in Europa völlig neu gestalten. Auch wenn die Währungsumstellung für den Bürger erst im Januar des Jahres 2002 sichtbar wird (dann werden die Euro-Scheine und Münzen ausgegeben), der Anleger muß sich sehr viel früher neu orientieren. Denn an den Börsen der elf Teilnehmerländer der Währungsunion (Belgien, Deutschland, Finnland, Frankreich, Irland, Italien, Luxemburg, Niederlande, Österreich, Portugal, Spanien) wird bereits am 4. Januar 1999 komplett auf Euro umgestellt.

Das heißt, neue Staatsanleihen der Teilnehmerländer werden nur noch in Euro emittiert, alle bereits börsennotierten Papiere auf Euro umgestellt. Die Aktien werden nur noch auf Euro-Kursbasis gehandelt, und sogar die Fonds veröffentlichen ihre Anteilspreise offiziell nur noch in Euro.

Neben der Umstellung an der Börse werden sich auch die europäischen Kapitalmärkte ändern. Denn mit dem Euro werden die Kapitalmarktgrenzen zwischen den elf Teilnehmerländern aufgehoben, es wird dann nur noch einen großen einheitlichen Euro-Kapitalmarkt geben. Das bringt nachhaltige Konsequenzen mit sich, denn der europäische Kapitalmarkt rutscht im internationalen Handel hinter den amerikanischen Wertpapiermarkt auf den zweiten Platz. Mit der Verschmelzung der einzelnen europäischen Kapitalmärkte entsteht in Europa der zweitgrößte Aktien- und auch der zweitgrößte Rentenmarkt der Welt.

Für den Anleger entfällt mit dem Euro das Währungsrisiko innerhalb der Teilnehmerländer. Für ihn können dann zum

Beispiel auch französische, niederländische oder italienische Anleihen oder Bonds interessant sein. Trotzdem ist hier Vorsicht geboten.

➡Tip 97: ***Auf dem Euro-Anleihemarkt sind nicht die höchsten Zinsen immer die besten.***

Bei Anleihen kommt es vor allem auf die Zahlungsfähigkeit des Schuldners (Bonität) an, sie bestimmt, wie sicher das Geld angelegt ist. Nehmen Sie besonders auf dem großen und zunächst unübersichtlichen Euro-Kapitalmarkt die Emittenten besonders genau unter die Lupe.

Denn Emittenten, die von Rating-Agenturen schlechte Noten erhalten, müssen einen Risikoaufschlag in Form höherer Zinsen zahlen. Das sollte jeder Anleger bei seiner Entscheidung berücksichtigen.

Insgesamt erhalten die Anleger mit der neuen europäischen Währung eine viel größere Auswahl an Anlagealternativen. Nach Meinung von Experten werden sich die Rentenmärkte wesentlich ausdehnen, Unternehmens- und Wandelanleihen deutlich zunehmen. Im Aktienbereich wurden bereits neue Indizes geschaffen (→ S. 103).

Steuertips für Anleger

Der Staat braucht Geld – und das holt er sich auch bei Aktionären und anderen Geldanlegern. Die Einkünfte aus der Anlage von Kapitalvermögen unterliegen also ebenfalls der Steuerpflicht. Doch auch hier dürfen, wie bei Lohn und Gehalt, die Ausgaben von den Einnahmen abgezogen werden. Die Differenz (im Steuerdeutsch: Einkünfte) wird dann allen anderen persönlichen Einkünften hinzugerechnet und mit ihnen zusammen versteuert. Wegen der Progression (steigender Steuersatz bei steigenden Einkünften) ist es wahrscheinlich, daß Sie bei Hinzurechnung der Kapitalerträge künftig einen prozentual höheren Steuerabschlag auch auf das bisherige Einkommen zu zahlen haben. Sie zahlen also nicht nur zusätzlich Steuern auf die Kapitalerträge, sondern gleichzeitig höhere Steuern auf die Einkünfte, über die Sie auch bisher schon verfügen konnten.
Gerade weil der Staat rigoros zuzugreifen versucht, sollten alle legalen Möglichkeiten zum eigenen Vorteil ausgeschöpft werden. Dabei gelten immer die folgenden Grundsätze:

- Strafbar ist es, eine Verkürzung der Steuern vorzunehmen.
- Völlig legal ist es, die Entstehung von Steuern zu vermeiden.

Es gilt also, Steuern zu vermeiden. Aber bevor es um die geschickten Gestaltungsmöglichkeiten geht, sollten wir uns erst mal die steuerliche Situation für den Anleger vor Augen führen. Dabei sind die Steuergesetze zum Redaktionsschluß dieses Buches (Sommer 1998) berücksichtigt – mit allen Unwägbarkeiten durch die geplanten Änderungen des Steuer-

rechts. Soweit diese aber schon konkrete Formen zeigen, wird darauf hingewiesen.
Änderungen könnten insbesondere bei der Höhe des Sparer-Freibetrags eintreten, der für den Aktionär eine höhere Besteuerung von Dividenden bedeutet. Außerdem ist eine Verlängerung der Spekulationsfrist im Gespräch, durch die bisher noch steuerfreie Kursgewinne künftig das Finanzamt interessieren.

Steuerpflichtige Aktiengewinne

Zweimal hat das Finanzamt eine Möglichkeit, bei Ihren Gewinnen zuzulangen: Denn grundsätzlich besteht eine Steuerpflicht auf

- Spekulationsgewinne (also Geld aus Kurssteigerungen) und
- Ausschüttungen (also vor allem Geldzahlungen als Dividende).

Nun lassen sich Kursgewinne einfach durch richtiges Timing aus der Steuerpflicht herausnehmen. Denn bisher unterlagen nur solche Kursgewinne der Steuerpflicht, die innerhalb eines Zeitraums von sechs Monaten anfielen und außerdem über 1000 Mark lagen. Wer ohne Steuerbelastung spekulieren will, muß also nur seine Engagements länger als sechs Monate beibehalten – bereits ein weiterer Tag reicht aus.
Um das Prinzip der Besteuerung darzustellen, wird zunächst das eventuelle Vorhandensein eines Freistellungsauftrags nicht berücksichtigt. Betrachtet wird also die Maximalbesteuerung. Bei den Dividendenzahlungen kommen gleich mehrere Steuerarten zum Tragen (siehe Übersicht). Neben der eigentlichen Dividende erhält der Aktionär noch (zunächst nur den Anspruch auf) eine Körperschaftsteuergutschrift. Die

muß beim Finanzamt zurückgeholt werden. Die Gutschrift erklärt sich daraus, daß die von Kapitalgesellschaften zu zahlende Körperschaftsteuer auf die Einkommensteuer der Teilhaber anzurechnen ist.

- Die Körperschaftsteuergutschrift beträgt jeweils 3/7 auf die Bardividende.

Zusammen ergibt sich aus der Gutschrift (30 Prozent) und der Bardividende (70 Prozent) die Bruttodividende (100 Prozent). Im günstigsten Fall kann der Aktionär diese Bruttodividende in voller Höhe und ohne jeden Abzug kassieren.
Zunächst aber greift das Finanzamt auch bei der Bardividende noch einmal zu.

- Als Quellensteuer oder Kapitalertragsteuer werden 25 Prozent der Bardividende fällig.

Liegt dem Geldinstitut, bei dem Ihr Depotkonto geführt wird, kein Freistellungsauftrag vor, wird der 25-Prozent-Anteil gleich von der Bank ans Finanzamt überwiesen (gegebenenfalls zuzüglich des Solidarzuschlags).

Beispiel für die Besteuerung einer Bardividende von 7 Mark	
7,00 DM Bardividende	Diesen Betrag schüttet die Aktiengesellschaft direkt an Sie aus. Er könnte also direkt Ihrem Depotkonto gutgeschrieben werden, wenn da nicht die deutsche Quellensteuer wäre: Sie wird schon von der Bank (wenn es keinen Freistellungsauftrag gibt) an das für das Geldinstitut zuständige Finanzamt abgeführt.
davon: 1,75 DM Kapitalertragsteuer	geht direkt an das Finanzamt.

Mit Freistellungsauftrag sieht Ihr Ertrag so aus	
5,25 DM Nettodividende	Dieser Betrag wird sofort Ihrem Konto gutgeschrieben. Unabhängig davon, wie Ihre Besteuerung aussieht und ob Sie sich freistellen lassen können, ist dies der grundsätzlich zur Verfügung stehende Ertrag.
+ 1,75 DM Gutschrift	der einbehaltenen Kapitalertragsteuer
+ 3,00 DM Gutschrift	der schon von der Aktiengesellschaft direkt an das Finanzamt gezahlten Körperschaftsteuer
= 10 DM Bruttodividende	Das ist Ihr Anteil am Gewinn der Aktiengesellschaft, über den Sie im günstigsten Fall verfügen können. Bei Ausnutzung aller Möglichkeiten und Abgabe eines Freistellungsauftrags haben Sie also die Möglichkeit, das Ihnen zunächst als Bardividende ausbezahlte Geld fast zu verdoppeln. Und dies kann praktisch sofort geschehen. Sie müssn also nicht erst bis zur Steuerrückzahlung warten.

Die Steuerformulare

Wenn Sie bisher noch gar keine Erfahrungen mit Geldanlagen gesammelt haben, kommen auf Sie als Aktionär drei neue Formulare zu:

- Die Anlage für Kapitalerträge zur Einkommensteuererklärung (Anlage KSO vom Steuerberater oder Finanzamt).
- Die Nichtveranlagungsbescheinigung (ebenfalls vom Steuerberater oder Finanzamt).

- Der Freistellungsauftrag.

Mit dem Freistellungsauftrag können Sie bei Ihrer Bank (die hat auch den Vordruck) den Vorwegabzug der Kapitalertragsteuer und die Auszahlung der Körperschaftsteuergutschrift erreichen.

In der Praxis wird am häufigsten neben dem (relativ leicht auszufüllenden) Freistellungsauftrag die Anlage KSO zur Einkommensteuererklärung benötigt.

In dieser Anlage müssen Sie gegenüber dem Finanzamt erst mal offenbaren, wie hoch Ihre Einkünfte aus den Anlagen ausfallen. Zur Zeit bleiben diese Einkünfte dann steuerfrei, wenn sie

- jährlich 6 100 DM bei Alleinstehenden oder
- jährlich 12 200 DM bei Verheirateten

nicht übersteigen. Besonders wichtig ist die Anlage KSO immer dann, wenn Ihre Einnahmen aus Kapitalvermögen zwar unter den derzeit gültigen steuerlichen Freibeträgen liegen, Sie jedoch vergessen haben, einen Freistellungsauftrag bei Ihrer Bank zu stellen. In diesem Fall müssen Sie das Formular ausfüllen, damit Sie die einbehaltene Kapitalertragsteuer, die Körperschaftsteuer und den Solidarzuschlag erstattet oder angerechnet bekommen.

Die Zinsabschlagsteuer. Wenn die Einnahmen aus Kapitalvermögen über den Freibeträgen von jährlich 6100 DM bzw. 12 200 DM liegen, wird ein Zinsabschlag auf die Erträge von 25 bis 35 Prozent vorgenommen. Kein Zinsabschlag wird zum Beispiel vorgenommen von

- ausländischen Kreditinstituten (auch nicht bei ausländischen Filialen inländischer Banken) und
- Sparern, die ihren Wohnsitz im Ausland haben (unabhängig davon, ob sie Deutsche sind oder nicht).

Sie können den Zinsabschlag verhindern durch Erteilung eines Freistellungsauftrages (Formulare hat die Bank) bis zu 6100 bzw. 12 200 DM. Beziehen Sie Zinseinnahmen von mehreren Kreditinstituten, können Sie die Freistellungsaufträge auf die entsprechenden Banken aufteilen. Übersteigen Ihre Zinseinnahmen DM 6100 bzw. 12 200 DM, so wird Ihnen zunächst das jeweilige Freistellungsvolumen angerechnet und nur von dem evtl. noch verbleibenden Betrag die Zinsabschlagsteuer einbehalten.

Anlageformen und ihre Kapitalertragsteuer

Art der Sparanlage	Abzug	Erleichterungen
Sparbuchzinsen, Wertpapierzinsen, sonstige Kapitalforderungen	30 %	Freistellungsauftrag, Nichtveranlagungsbescheinigung
Zinsen aus Tafelgeschäften	35 %	keine
außer- und rechnungsmäßige Zinsen aus den Sparanteilen kurz laufender Lebensversicherungen	25 %	Freistellungsauftrag, Nichtveranlagungsbescheinigung
Einnahmen als stiller Gesellschafter	25 %	Freistellungsauftrag, Nichtveranlagungsbescheinigung
Dividenden aus Kapitalgesellschaften (GmbH-Gewinnausschüttungen, Aktiendividenden)	25 %	bei Nichtveranlagungsbescheinigung kann Erstattung durch das Bundesamt für Finanzen erfolgen
Zinsen aus Wandelanleihen, Gewinnobligationen, Genußrechten	25 %	wie bei Dividenden

Freistellungsaufträge für Ehegatten. Gemeinsam veranlagte Ehegatten müssen den Banken ihre Freistellungsaufträge gemeinsam erteilen – sowohl für getrennte als auch gemeinsame Konten. Die Freistellungsaufträge müssen alle Personenangaben sowie beide Unterschriften enthalten. Das Freistellungsvolumen beträgt insgesamt 12 200 DM.

Freistellungsaufträge für getrennt Lebende. Getrennt veranlagte Ehegatten und nicht verheiratete Lebenspartner erteilen den Banken jeder für sich die Freistellungsaufträge, jeder erhält ein Freistellungsvolumen von 6100 DM.

Freistellungsaufträge für minderjährige Kinder. Auch Kinder müssen ihre Zinserträge freistellen lassen. Es ist für jedes minderjährige Kind ein gesonderter Freistellungsauftrag auszufüllen und von den Eltern zu unterschreiben, bei mehreren Kreditinstituten ist auch hier das Freistellungsvolumen von je 6100 DM aufzuteilen.

➡Tip 98: ***Kinder brauchen eigene Steuererklärungen***

Kapitaleinkünfte der Kinder sind nicht in die Anlage KSO der Eltern einzutragen, da Kindern eigene Freibeträge zustehen. Möchten Kinder (egal welchen Alters) die Erstattung einbehaltener Steuern beantragen, so sind eigene Steuererklärungen abzugeben, die bei minderjährigen Kindern von den Eltern zu unterschreiben sind. Evtl. kann auch eine Nichtveranlagungsbescheinigung beantragt werden.

Freistellungsaufträge können befristet oder unbefristet erteilt werden, sie können auch jederzeit widerrufen oder geändert werden, z. B. wenn sich der Familienstand ändert.

Nichtveranlagungsbescheinigung bei geringen Einkommen. Beziehen Sie nur ein sehr geringes Einkommen (Rentner, Kinder) und zahlen keine Einkommensteuer, so können Sie beim Finanzamt eine »Nichtveranlagungsbescheinigung« beantragen. Diese wird Ihnen dann für drei Jahre erteilt. Diese Bescheinigung ist der jeweiligen Bank vorzulegen, und der Zinsabschlag entfällt ebenso wie die Abgabe einer Steuererklärung.

➡Tip 99: *Die Daten der Freistellungsaufträge werden überprüft*

Die Daten aus den Freistellungsaufträgen werden von den Kreditinstituten an das Bundesamt für Finanzen in Bonn weitergeleitet, wo sie gesammelt und dahingehend überprüft werden, ob das Freistellungsvolumen von dem Steuerpflichtigen gesetzlich zulässig beansprucht wurde. Wurde es jedoch überschritten, erfolgt eine entsprechende Mitteilung an das zuständige Wohnsitzfinanzamt.

Anlagebeträge und Zinssätze ohne Steuerpflicht

Bis zum angegebenen Anlagebetrag und Zinssatz zahlen Alleinstehende und Ehepaare keine Steuern

Bei Zinssatz in Prozent	für Alleinstehende	für Ehepaare
3,0	203 333,– DM	406 667,– DM
3,5	174 286,– DM	348 571,– DM
4,0	152 500,– DM	305 000,– DM
4,5	135 556,– DM	271 111,– DM
5,0	122 000,– DM	244 000,– DM
5,5	110 909,– DM	221 818,– DM
6,0	101 667,– DM	203 333,– DM
6,5	93 846,– DM	187 692,– DM
7,0	87 143,– DM	174 286,– DM
7,5	81 333,– DM	162 667,– DM
8,0	76 250,– DM	152 500,– DM
8,5	71 765,– DM	143 529,– DM
9,0	67 778,– DM	135 556,– DM

Anrechenbare Steuerbeträge. In der Anlage KSO für die Kapitalerträge ist dann die vom jeweiligen Anlageinstitut einbehaltene Zinsabschlagsteuer anhand der Steuerbescheinigung/en einzutragen, die von den Banken angefordert werden müssen und dem Finanzamt vorzulegen sind. Vorsichtig müssen Sie sein, wenn Sie die Anrechnung bzw. Erstattung der Zinsabschlagsteuern beantragen, in den Vorjahren jedoch keine Zinseinkünfte angegeben haben. Hier wird das Finanzamt natürlich mißtrauisch und wird sich für die Vorjahre interessieren. Können Sie die »plötzliche« Kapitalherkunft nicht plausibel begründen, droht Ihnen eventuell ein Verfahren wegen Steuerhinterziehung. Sie können im Falle einer Selbstanzeige (am besten durch Steuerberater, um Formfehler zu vermeiden) zwar straffrei ausgehen. Möglicherweise müssen Sie aber für zehn zurückliegende Jahre Steuern und Hinterziehungszinsen nachzahlen. Es gibt Steuerpflichtige, die deshalb lieber auf die Anrechnung gewisser Zinsabschlagsteuern verzichten.

Geben Sie außerdem die Summe des einbehaltenen Solidaritätszuschlages an, der derzeit (Sommer 1998) in Höhe von 5,5 Prozent auf die Kapitalertragsteuer erhoben wird. Dieser Betrag wird ebenfalls auf die gesamte von Ihnen zu tragende Steuerlast angerechnet. Die einzutragenden Summen sind den jeweiligen Steuerbescheinigungen zu entnehmen.

Und schließlich ist auch die Summe der vergüteten Körperschaftsteuer einzutragen, die wird Ihnen nämlich ebenfalls angerechnet. Die erforderlichen Angaben entnehmen Sie wieder den Erträgnisaufstellungen Ihrer Banken.

Werbungskosten

Werbungskosten aus Kapitalvermögen sind alle Ausgaben, die durch Ihr Kapitalvermögen veranlaßt sind. Sie werden im Jahr der Belastung geltend gemacht, z. B.

- Depotgebühren;
- Gebühren für die Erträgnisaufstellung;

- Fachliteratur zur Erzielung von Kapitaleinkünften;
- Schuldzinsen für das durch Kredit finanzierte Kapitalvermögen;
- Bausparabschlußgebühren;
- Steuerberatungskosten oder sonstige Beratungskosten in Zusammenhang mit Kapitaleinkünften;
- Fahrtkosten zu Aktionärshauptversammlungen oder Banken mit 0,52 DM je gefahrener Kilometer wie Dienstreisen;
- Übernachtungs- und Verpflegungsaufwendungen (angemessene) für Reisen in Zusammenhang mit Kapitaleinkünften;
- Kontoführungsgebühren (nicht fürs private Girokonto);
- Beiträge zu Wertpapierschutzverbänden;
- Software für die Wertpapierverwaltung;
- Safemietkosten, sofern Wertpapiere aufbewahrt werden;
- Safeversicherungen;
- anteilige Telefon- u. Faxkosten mit Bank und Vermögensverwalter;
- Vermögensverwaltung, soweit Vermögen verwaltet wird, welches nicht nur spekulativ ist, sondern Erträge abwirft.

Wer keine Werbungskosten aufweisen kann, erhält eine Pauschale. Sollten bei Ihnen solche Werbungskosten nicht angefallen sein, berücksichtigt das Finanzamt automatisch einen Werbungskostenpauschbetrag von jährlich 100 DM für Alleinstehende und 200 DM für Verheiratete.

Ausgaben, die keine Werbungskosten sind. Das bedeutet nicht zwangsläufig, daß diese Kosten gar nicht steuerlich geltend gemacht werden können. Die feine Unterscheidung nach Werbungs- und z. B. Anschaffungskosten dient aber dazu, die Ausgaben den jeweiligen Einnahmen (nämlich aus Erträgen oder Spekulationen) zuzuordnen. Deutlich wird dies, wenn wir uns mit den Spekulationsgewinnen beschäftigen.

Zunächst einmal aber werden als Werbungskosten vom Finanzamt nicht anerkannt:

- Kosten, die mit der Anschaffung oder Veräußerung Ihres Kapitalvermögens zusammenhängen, z. B. Kaufgebühren für die Anschaffung von Wertpapieren, dies sind Anschaffungsnebenkosten der Wertpapiere;
- Maklergebühren (ebenfalls Anschaffungsnebenkosten);
- Provisionen (auch Anschaffungsnebenkosten);
- Kosten für Safemiete, wenn Goldvorräte aufbewahrt werden oder sonstiges Vermögen, welches keine Erträge abwirft im Sinne des § 20 EStG, sondern nur steuerlich irrelevante Wertsteigerungen ermöglicht;
- Stückzinsen, diese sind negative Erträge und werden in dem Jahr von den Zinseinnahmen abgezogen, in dem sie gezahlt wurden. Wurden in einem Jahr nur Stückzinsen gezahlt und keine Zinserträge erwirtschaftet, so entsteht ein steuerlicher Verlust aus Kapitalvermögen. Die Stückzinsen sind in der jeweiligen Erträgnisaufstellung aufgeführt und müssen entweder von den aufgeführten Zinserträgen abgezogen oder als Minusbetrag eingesetzt werden;
- Verluste aus Wertpapierspekulationen oder Aktien, diese beziehen sich auf die private Vermögensebene und sind ertragsteuerlich nicht zu berücksichtigen;
- Sparerfreibetrag: Neben dem Werbungskostenpauschbetrag werden die Einnahmen aus Kapitalvermögen um den Sparerfreibetrag (nach § 20 Abs. 4 EStG) gekürzt, der für Alleinstehende jährlich 6000 DM und für Verheiratete 12 000 DM beträgt. Aber Achtung: Durch die Berücksichtigung des Sparerfreibetrages und des Werbungskostenpauschbetrages darf kein Verlust aus Kapitalvermögen entstehen. Allenfalls können Sie damit die Einnahmen auf Null drücken. Denn mit den Verlusten aus Kapitalvermögen ist es eine ganz heikle Sache.

Spekulationsverluste nicht voll absetzbar

Wer sich schon mal ein wenig mit Steuern beschäftigt hat, kennt das Prinzip: Verluste bei einer Einnahmeart dürfen mit Gewinnen bei einer anderen verrechnet werden. Leider aber funktioniert das bei den Erträgen aus Kapitalanlagen nicht.

- Ein steuerlich zu berücksichtigender Verlust ist nur möglich, wenn die tatsächlichen Werbungskosten die Einnahmen aus Kapitalvermögen übersteigen.
- Verluste aus Spekulationen dürfen nicht mit anderen Erträgen aus Kapitalanlagen verrechnet werden, sondern nur mit den innerhalb desselben Jahres angefallenen Spekulationsgewinnen.

Ein darüber hinausgehender Verlust darf nicht mit dem Verlustabzug (nach § 10 d EStG) berücksichtigt werden und bleibt »Privatvergnügen«. Das Ergebnis dieser Verrechnung bringt Ihnen also bestenfalls Null. Aber auch bei den Spekulationsgewinnen gibt es eine besondere Tücke, die man kennen sollte, weil sie gerade angesichts des steuerfreien Spekulationsgewinns oft falsch interpretiert wird. Spekulationsgewinne unter 1000 DM jährlich sind nämlich steuerfrei – darauf hatten wir auch schon hingewiesen. Weil es sich bei dieser Grenze aber nicht um einen Freibetrag handelt, sind höhere Gewinne immer voll zu versteuern. Klartext: Haben Sie also einen Spekulationsgewinn von 1010 DM gemacht, muß dieser gesamte Betrag versteuert werden – nicht nur die zehn Mark über der Freigrenze.

So werden Spekulationsgewinne ermittelt. Der Spekulationsgewinn ist die Differenz aus dem erzielten Veräußerungspreis und den Anschaffungs- und Veräußerungskosten. In den Formularen des Finanzamts wird nach der ebenso einfachen Logik »Veräußerungspreis abzüglich Anschaffungs-

und Herstellungskosten sowie Werbungskosten ist gleich Spekulationsgewinn« verfahren.

- Für die Ermittlung der Anschaffungskosten werden insbesondere Kaufpreis und Kaufpreisnebenkosten wie z. B. Maklerkosten oder Kaufgebühren berücksichtigt.
- Veräußerungskosten vermindern den eventuellen Spekulationsgewinn. Es sind alle Kosten, die der Verkäufer im Zusammenhang mit der Veräußerung zu tragen hat, z. B. Provisionen.

Die Nichtveranlagungsbescheinigung. Eigentlich ist es ein Widerspruch, wenn ein Aktionär sich für diesen Abschnitt interessiert. Denn Aktien kaufen sollte man nur, wenn die gesamten Einkommensverhältnisse rund sind. Die hier beschriebene Bescheinigung aber drückt letztlich aus, daß der betreffende Steuerzahler praktisch gar keine finanziellen Verhältnisse hat. Aber es gibt ja Sonderfälle: Wenn Sie z. B. aus dem Berufsleben ausgeschieden sind, könnte Ihnen wegen geringer Einkünfte die Nichtveranlagungsbescheinigung zustehen. Beantragen müssen Sie dieses Papier bei dem für Sie zuständigen Finanzamt. Die Nichtveranlagungsbescheinigung wird Ihnen dann (nach Ausfüllen eines entsprechenden Formulars von Steuerberater oder Finanzamt) für 3 Jahre ausgestellt und muß anschließend neu beantragt werden.

➡Tip 100: *So erhalten Sie die Nichtveranlagungsbescheinigung*

Sollten Ihre gesamten Einkünfte unter dem Grundfreibetrag von jährlich derzeit 12 365 DM für Alleinstehende bzw. 24 730 DM für Verheiratete liegen und Sie aufgrund der Höhe Ihrer Zinseinkünfte Zinsabschlagsteuer einbehalten bekommen, so sollten Sie die Nichtveranlagungsbescheinigung beantragen und diese nach Erhalt Ihrer Bank vorlegen, dann entfällt der Einbehalt der Zinsabschlagsteuer plus Solidaritätszuschlag.

Steuern vermeiden

Achten Sie zunächst einmal darauf, daß Ihre Zins- bzw. Dividendenerträge unter dem Sparerfreibetrag von 6100 DM für Alleinstehende bzw. 12 200 DM für Verheiratete (hier schon einschließlich der Werbungskostenpauschale von 100 bzw. 200 DM) liegen.
Achtung: An den Sparerfreibeträgen will der Finanzminister künftig sparen. Ursprünglich sollten sie schon ab 1998 auf 3000 DM (für Ledige) bzw. 6000 DM (für Verheiratete) sinken. Diese Pläne waren aber zum Redaktionsschluß dieses Buches mal wieder aufgeschoben worden.

Strategien zur optimalen Nutzung des Sparer-Freibetrages. In einigen Fällen können Sie die Zinseinkünfte in ein anderes Jahr verlagern:

- Beim Kauf von Investmentfonds oder Anleihen sollte auf den nächsten Ausschüttungstermin geachtet werden. Die beim Kauf von Anleihen anfallenden Stückzinsen bzw. die beim Kauf von Investmentanteilen im Kaufpreis enthaltenen Zwischengewinne mindern Ihre Einkünfte aus Kapitalvermögen in Form von negativen Erträgen.
- Beim Festgeld kann der nächste Zinstermin in ein anderes Jahr verschoben werden.
- Die beim Verkauf von Anleihen gezahlten Stückzinsen sowie die im Verkaufspreis von Investmentfonds enthaltenen Zwischengewinne erhöhen die Einkünfte aus Kapitalvermögen.
- Beim Kauf von Finanzierungs-Schätzen liegt der nächste Zinstermin immer im nächsten oder übernächsten Jahr.

Mit der Übertragung von Kapitalvermögen Steuern sparen. Erhebliche Vorteile lassen sich oft auch dadurch erzielen, daß Kapitalvermögen auf niedrigbesteuerte Angehörige übertragen wird, meistens werden das die Kinder sein. Ebenso kann aber unter Lebenspartnern ohne Trauschein eine Übertragung interessant werden, wenn ohnehin beide aus einem Topf leben und es erhebliche Unterschiede bei den Steuersätzen gibt.
Wird einem Kind durch eine Schenkung (neue Freibeträge beachten) Kapitalvermögen auf Dauer übertragen, sind die daraus resultierenden Erträge dem Kind zuzurechnen, das normalerweise sonst keine Einkünfte bezieht. Das ist besonders für diejenigen interessant, deren Freibeträge bei Kapitalvermögen plus Werbungskostenpauschbetrag überschritten werden.
Durch geschickte Verteilung des Kapitalvermögens auf Kinder kann einmal der Abzug der Zinsabschlagsteuer zuzüglich Solidaritätszuschlag vermieden werden und somit eine Besteuerung des Kapitalvermögens überhaupt. Voraussetzungen: Das Vermögen des Kindes muß (wie schon angedeutet) streng von dem elterlichen Vermögen getrennt bleiben. Aktien und Wertpapiere können auch ohne Pflegerbestellung auf ein minderjähriges Kind übertragen werden, die Eltern können nach der Schenkung das Vermögen verwalten. Kontoauszüge, Sparbücher und Depots müssen aber unbedingt auf den Kindesnamen lauten. Die vermögensverwaltenden Eltern dürfen das Vermögen nicht für sich beanspruchen, sonst ist es ihnen auch ertragsteuerlich zuzuordnen. Entsprechende Regeln gelten für Lebenspartner.
Angenehmer Nebeneffekt dieser Gestaltung für Eltern: Es ist steuerunschädlich, wenn Sie die Erträge aus Kapitalvermögen für den Unterhalt des Kindes verwenden.

Register